REPRESENTAÇÃO SOCIAL DA PROFISSÃO ENFERMAGEM

RECONHECIMENTO E NOTORIEDADE

REPRESENTAÇÃO SOCIAL DA PROFISSÃO ENFERMAGEM

RECONHECIMENTO E NOTORIEDADE

EDITH FERREIRA DE SOUZA OLIVEIRA

Manole

Copyright ©2018 Editora Manole Ltda. por meio de contrato de edição com a autora.

Minha Editora é um selo editorial Manole Conteúdo.

EDITORA GESTORA: Sônia Midori Fujiyoshi
EDITORA: Cristiana Gonzaga S. Corrêa
PRODUÇÃO E COORDENAÇÃO EDITORIAL: Visão Editorial
PROJETO GRÁFICO E DIAGRAMAÇÃO: Visão Editorial
CAPA: Sopros Design

1ª edição – 2018

Dados Internacionais de Catalogação na Publicação (CIP)
(CÂMARA BRASILEIRA DO LIVRO, SP, BRASIL)

Oliveira, Edith Ferreira de Souza
 Representação social da profissão enfermagem : reconhecimento e notoriedade / Edith Ferreira de Souza Oliveira. -- Barueri, SP : Manole, 2018.
 Bibliografia.
 ISBN: 978-85-7868-307-8
 1. Enfermagem - Estudo e ensino 2. Enfermagem - História 3. Enfermagem como profissão 4. Formação profissional I. Título.

17-08310   CDD-610.73023

Índices para catálogo sistemático:
1. Enfermagem como profissão   610.73023

Todos os direitos reservados.
Nenhuma parte deste livro poderá ser reproduzida, por qualquer processo, sem a permissão expressa dos editores.
É proibida a reprodução por xerox.
A Editora Manole é filiada à ABDR – Associação Brasileira de Direitos Reprográficos.

Editora Manole Ltda.
Avenida Ceci, 672 – Tamboré
06460-120 – Barueri – SP – Brasil
Tel.: (11) 4196-6000
www.manole.com.br | info@manole.com.br
Impresso no Brasil | *Printed in Brazil*

São de responsabilidade da autora as informações contidas nesta obra.

A Deus, por me conceder a vida, a saúde e a capacidade intelectual para criar e desenvolver esta obra.
À minha família, por ser a base fundamental do meu caminho profissional, cultural, educacional e religioso que me acompanha desde os primeiros dias de vida.
Em especial, ao meu pai Antônio Porto, que nunca mediu esforços para estar sempre ao lado dos filhos – e comigo não foi diferente.
Expresso também um imenso carinho pelos meus irmãos Elias Porto, Charles Samuel Porto e Solon Porto, pela contribuição no andamento deste livro.
À minha querida filha Katia, ao meu genro Jeferson e à minha amada netinha Rebeca, por todo o carinho e amor; expresso felicidade por tê-los no meu convívio.
Ao Silvio Bueno, pelo carinho, pela paciência e pelo companheirismo.
Aos meus colegas enfermeiros: Glauce Castello, André Dantas, Katia Guedes, Gileyd Coutinho, Amélia Satiko e Maria Aparecida, pelo carinho, pela convivência diária e pelo auxílio no uso das tecnologias, para as quais, às vezes, me faltavam habilidades.
Aos técnicos e auxiliares de Enfermagem, por desenvolvermos, juntos, as nossas atividades de assistência ao paciente.

EDITH FERREIRA DE SOUZA OLIVEIRA

Enfermeira.

Licenciada em Enfermagem pela Faculdade Adventista de Enfermagem, atualmente denominado Curso de Enfermagem do Centro Universitário Adventista de São Paulo (Unasp).

Especialista em Administração Hospitalar pela Universidade de Ribeirão Preto (Unaerp).

Doutora em Ciências Sociais e Mestre em Gerontologia Social, ambas pela Pontifícia Universidade Católica de São Paulo (PUC-SP).

Professora do curso de pós-graduação em Enfermagem Pediátrica no Hospital das Clínicas da Faculdade de Medicina da Universidade de São Paulo (HCFMUSP).

Enfermeira supervisora do setor hospitalar do HCFMUSP.

Nascida na cidade de Taiobeiras, estado de Minas Gerais, em 20 de setembro de 1957. É de uma família numerosa, composta por nove irmãos – seis homens e três mulheres –, na qual é a segunda dos nove. Casou-se e teve apenas uma filha, que se formou médica aos 23 anos de idade e reside em Toronto, no Canadá.

Foi professora do ensino fundamental aos 18 anos de idade. Mais tarde, graduou-se em Enfermagem no Centro Universitário Adventista de São Paulo (Unasp), antigamente denominada Faculdade Adventista de Enfermagem, situada na zona sul da cidade de São Paulo.

Logo, começou a exercer a sua profissão de enfermeira em hospitais da rede privada e também deu início à docência em Enfermagem no nível de graduação. Algum tempo depois, por meio de concurso público, foi trabalhar na rede pública no maior hospital-escola da América Latina.

Continuou os estudos e concluiu a pós-graduação *lato sensu* em Administração Hospitalar e Licenciatura em Enfermagem.

Sentindo necessidade de melhorar sua carreira acadêmica, começou seu mestrado em Enfermagem em 1998, na PUC-SP, e, depois, o transferiu para a disciplina de Gerontologia Social, concluindo-o com sucesso. Fez doutorado em Ciências Sociais, também na PUC-SP, cuja brilhante defesa a orgulhou muito, recebendo da banca examinadora, além da nota máxima, elogios relacionados à sua apresentação.

Hoje, faz parte de um grupo de professores do curso de pós--graduação em Enfermagem Pediátrica no Hospital das Clínicas da Universidade de São Paulo (HCFMUSP), onde também exerce a função de enfermeira supervisora do setor hospitalar.

Tem vários artigos publicados, incluindo sua dissertação de mestrado: "Percepção de homens e mulheres maiores de 50 anos sobre a estética do envelhecimento" (Oliveira, 2015).

A autora preocupa-se com as pessoas fumantes, principalmente jovens e adolescentes. Por isso, tem trabalhado com pesquisas pertinentes à saúde, analisando resultados de idosos ex-fumantes com o propósito de mostrar para os mais jovens o que pode acontecer na vida das pessoas que se familiarizaram com a nicotina durante alguns anos de sua vida. Nesse sentido, elaborou e publicou um artigo relacionado ao problema de saúde com a nicotina intitulado "Características clínicas relacionadas ao tabagismo de indivíduos idosos assistidos pelo Programa Saúde da Família" (Oliveira, 2010).

SUMÁRIO

APRESENTAÇÃO 13
INTRODUÇÃO 15

CAPÍTULO 1.   O QUE SOMOS? QUEM SOMOS? 21
CAPÍTULO 2.   ESTEREÓTIPOS E PRECONCEITOS 29
CAPÍTULO 3.   O ENSINO E A FORMAÇÃO EM ENFERMAGEM . . 41
CAPÍTULO 4.   O ENFERMEIRO E SEU *MARKETING* PESSOAL . . 49
CAPÍTULO 5.   A ENFERMAGEM COMO EQUIPE 55
CAPÍTULO 6.   LIDERANÇA EM ENFERMAGEM NO SÉCULO XXI . 71
CAPÍTULO 7.   ENFERMAGEM: UMA PROFISSÃO EM BUSCA DE
              MUDANÇAS 77
CAPÍTULO 8.   CONSIDERAÇÕES FINAIS 89
CAPÍTULO 9.   LEI DO EXERCÍCIO PROFISSIONAL DA
              ENFERMAGEM (LEI N. 7.498/1986) 91
CAPÍTULO 10. CURIOSIDADES HISTÓRICAS DA PROFISSÃO
              ENFERMAGEM 99

BIBLIOGRAFIA 103

APRESENTAÇÃO

No decorrer do meu trabalho, sinto grande inquietação em relação ao conhecimento que a sociedade tem sobre os profissionais da Enfermagem e a profissão. Na cultura brasileira, o enfermeiro parece ser apenas "alguém que atende alguém", enquanto a equipe de Enfermagem é vista como responsável meramente pelos serviços simples e rotineiros do hospital.

Outra grande preocupação que me aflige está relacionada ao *marketing* pessoal do profissional de Enfermagem, independentemente de sua categoria. Os enfermeiros evidentemente precisam se dedicar à sua aparência pessoal, porém, têm expressado pouco interesse nesse quesito.

Este livro contém dez capítulos, os quais compõem o universo dos meus pensamentos e de discussões acerca desses assuntos.

O intuito é esclarecer para a nossa sociedade quem é o profissional de Enfermagem, o que ele faz, qual o seu nível de escolaridade e o que aconteceu brevemente na história da Enfermagem, com o objetivo de propiciar uma visão menos alienada e mais verdadeira da Enfermagem e promover a luta por mais reconhecimento dessa profissão e dos seus profissionais.

INTRODUÇÃO

A evolução histórica da Enfermagem tem percorrido um longo e tortuoso caminho, às vezes com brilho, outras vezes de modo mais ofuscado.

As marcas dos contextos socioculturais e econômicos de cada época são visíveis até hoje. Seja de origem profana ou sagrada, os aspectos simbólicos e religiosos de cada período relacionam o cuidado com o outro como mera extensão dos trabalhos domésticos de obrigação feminina, o que dá às atividades de Enfermagem uma conotação de inferioridade e, ainda, sustenta a ideia de que o profissional é um reles executor de procedimentos pertinentes à profissão.

Durante os séculos XVI e XVII, tanto as cuidadoras quanto os cuidados com a saúde de outra pessoa eram socialmente representados por sua moral duvidosa. Portanto, a representação social da profissão Enfermagem era sórdida.

Em meados de 1850, os cuidados dispensados ao doente eram executados de forma precária, embora fossem considerados absolutamente adequados para a época.

Na metade do século XIX, Florence Nightingale, uma enfermeira britânica que tratou de feridos de guerras, buscou resgatar a dignidade da prática de cuidados, tornando tais atividades um ofício. A partir de então, o cuidar tornou-se uma profissão, e seus agentes eram os profissionais do cuidado. Diante de suas crenças e de sua criação educacional, Florence implantou a utilização de rígidos princípios morais na formação de novos enfermeiros. Assim, instalou-se a base vocacional da Enfermagem moderna. Consequentemente, o *status* profissional propiciou a construção social da Enfermagem, agregando duas filiações, uma religiosa e outra médica.

Contrariamente ao que se esperava, essas filiações não conseguiram conferir à profissão um alicerce sólido, uma identidade própria. Houve, sim, uma verdadeira confusão, que fez a sociedade considerar a Enfermagem uma subordinação aos afazeres médicos.

A falta de senso crítico sobre essa deturpada representação impactou na formação profissional, em especial no sentido de solidificar o conceito de que a Enfermagem era apenas para o sexo feminino – o que refletia a postura rígida e dignificada da submissão e, de forma sutil, caracterizava-a como subprofissão, ou seja, subalterna a outras.

Mediante essa caracterização instável e dúbia, a Enfermagem atual estabelece um desafio e monta uma estratégia para conferir valorização aos cuidados prestados, bem como dignidade profissional.

A reivindicação dessas dimensões, que envolvem uma profissão tão nobre, propicia debates, como: no contexto hospitalar, a

Enfermagem reconhece as suas atividades e suas tarefas como uma prática cidadã? Por que uma profissão de valor social inegável permanece com sua grandeza oculta por tanto tempo? Quais são os valores que permeiam o reconhecimento da soberania da profissão?

Questionamentos como esses conflitam ideias e críticas de muitas pessoas não apenas no âmbito profissional, mas também na sociedade.

Fernandes (1985) relata que a saúde no Brasil recebeu grande influência estadunidense, a qual culminou com a fundação da Escola de Enfermagem (EE) do Departamento Nacional de Saúde Pública (DNSP). Instituída sua criação pelo Decreto n. 15.799, de 10 de novembro de 1922, a EE começou a funcionar em 19 de fevereiro de 1923. Seu objetivo era formar profissionais para melhorar as condições sanitárias da população por meio de um método inovador, que direcionou a Enfermagem moderna. Nesse período, o Estado iniciava a proposição de uma política de saúde aviltada por um médico de nome soberano, o dr. Carlos Chagas. A Enfermagem estava renascendo com expectativas de um futuro promissor. Ainda, na mesma época, a Enfermagem repercutiu na área preventiva, estendendo seus conhecimentos para a área curativa.

Apesar de sua clara importância na sociedade, desde os primórdios, mostrando seu potencial e sua preeminência na saúde das pessoas, a Enfermagem é uma profissão que, inconscientemente, ofusca o seu próprio brilho, sua beleza, sua magnitude e seu poder, como se fosse necessário se esconder atrás de outras profissões.

Permanecer até hoje com seu esplendor oculto, impedindo a sociedade de ver a brilhante e majestosa profissão que é a Enfermagem, permite que essa mesma sociedade prolongue ainda mais os conceitos equivocados e ambíguos sobre uma profissão que, no mínimo, continua sendo indispensável ao ser humano.

Diante dos preconceitos sociais e da pouca valorização da Enfermagem, inclusive consigo mesma – que realmente existe e está presente em nosso meio –, cabe aos enfermeiros reverter essa situação desfavorável à profissão.

Nós, enfermeiros, temos de parar de ocultar os nossos próprios valores – como relevância, competência, dinamismo, criatividade e domínio –, para que não sejamos mais vistos como instrumento de uma profissão diminuída e sem vida própria.

As representações sociais da Enfermagem precisam detectar e divulgar os valores fundamentais da profissão, para que se estendam à compreensão do comportamento social e proporcionem sua valorização em meio à sociedade moderna.

Nesse cenário, falta apenas a vontade, o querer.

Geovanini (1995) relata que compete aos profissionais de Enfermagem uma atuação bem maior do que a própria assistência prestada ao paciente. Eles podem ampliar e desdobrar suas atividades, aliando sua representação social à qualidade das ações executadas pela equipe de Enfermagem.

Independentemente dos paradigmas existentes, não há dúvidas de que a Enfermagem batalha, mesmo que devagar, para impedir que o brilho da profissão se apague. Com segurança e confiança em nós mesmos, poderemos alcançar o que tanto desejamos, ou seja, o reconhecimento social da profissão e dos seus profissionais.

Poucas são as pessoas que reconhecem o valor da Enfermagem e a necessidade que o ser humano tem dessa profissão. Todos estão sujeitos a doenças e às fragilidades do organismo, e o profissional capaz de cuidar das necessidades humanas básicas de um paciente é aquele que estudou especificamente sobre elas. O relato que se segue ilustra bem a questão.

Em junho de 2014, uma reportagem entrevistou uma senhora sobrevivente do Holocausto. Ela falou do final dos massacres, quando estava na Dinamarca aguardando ordem e autorização para ir para os Estados Unidos. Disse que, até aquele dia em que aguardava, não conseguia entender como havia sobrevivido a tantas dificuldades e tantos maus-tratos, tanta fome e tanto frio. Em alguns momentos, ela e as amigas chegaram a pedir que as matassem para se livrarem do sofrimento.

Ficou sabendo que sua única chance de sobrevivência estava nas mãos da Cruz Vermelha ou na autorização de viagem para os EUA. Caso contrário, a morte era certa. Quando ela e suas amigas estavam nesse dilema, esperando mais a morte do que a vida, após passarem por tanto sofrimento, ouviram uma voz suave, bem longe, que dizia: "Chegou a Cruz Vermelha". Elas olharam para os lados e viram várias enfermeiras da Cruz Vermelha chegando, trazendo chocolate quente e cobertores. Ninguém parecia acreditar, mas era verdade. A partir daquele momento, elas começaram a ver o outro lado da vida e o outro lado do ser humano.

Aquelas enfermeiras expressavam-se como anjos, como divindades. Tudo parecia diferente. Restauraram a esperança daquelas pessoas que, apesar de terem perdido todos os parentes, estavam entre companheiras de sofrimento e amigas.

A sobrevivente relatou que elas já não conseguiam mais confiar no ser humano. Qualquer pessoa que se aproximava era recebida com uma desconfiança incrível. Mas, ao se aproximarem das enfermeiras, foi diferente. O toque de cada uma delas foi percebido como algo que vinha para salvar. Aquelas mãos transmitiam uma sensibilidade que não era possível descrever.

Isso é a Enfermagem.

Vamos gritar para o mundo que o homem não pode e nunca poderá viver sem a Enfermagem, sem os enfermeiros-anjos que compõem a equipe de uma das mais belas e brilhantes profissões do planeta Terra.

Capítulo 1

O QUE SOMOS?
QUEM SOMOS?

Enfermagem! Profissão, religiosidade, caridade, refúgio, proximidade do divino, pagamento de culpas, cuidado, desprendimento do eu, gente próxima do moribundo. O enfermeiro é um executor, auxiliar do médico, cuidador de doentes, pessoa que exerce suas atividades de assistência diretamente com o paciente, trabalhador da saúde, trabalhador do hospital. Essas são algumas definições, usadas pela nossa sociedade, de profissionais de Enfermagem, até porque é muito difícil definir uma profissão que possui várias categorias dentro de si.

A Enfermagem, como todas as profissões, tem a sua origem e a sua história.

A Enfermagem antiga respaldava-se na solidariedade humana, no misticismo, no senso comum e em crendices. Talvez por isso alguns nos vejam, até hoje, como religiosos, praticantes da caridade, etc.

A Enfermagem moderna é lacônica, pesquisadora. Tem procurado aprofundar-se em métodos científicos, tecnológicos e humanísticos, com foco central no cuidar da saúde do ser humano. É uma profissão fundamentada em estudos e pesquisas científicas, assim como em técnicas que abrangem desde o estado de saúde até o estado de doença.

Vamos entender alguns pontos relevantes da origem da Enfermagem moderna.

Em meados de 1860, Florence Nightingale, enfermeira britânica, oriunda de família rica e aristocrática, encontrou dificuldades de aceitação da sua família em relação à sua escolha profissional. A escolha de Florence, de ser enfermeira e cuidar de pessoas hospitalizadas, não era aceita em meio à sociedade, principalmente porque ela era nobre – e a nobreza nunca deveria viver em locais insalubres, misturada com todas as classes sociais, sobretudo com as mais baixas e de menor poder aquisitivo.

Sabe-se que Florence não se intimidou diante das dificuldades e viajou para a Alemanha para conhecer o ensino oferecido no Instituto das Diaconisas. Essa decisão de Florence facilitou a aceitação da família em relação à sua escolha, pois o nome diaconisa era dado a mulheres religiosas com grande respeito na sociedade. Uma vez que Florence não carregava o título de enfermeira, tudo parecia melhor, pois a conotação dessa palavra diante da sociedade mudava o seu juízo.

Após o aprendizado adquirido na escola de diaconisas, Florence ofereceu seus serviços para trabalhar com os feridos na Guerra da Crimeia. Mas não foi simples nem fácil. Para que sua presença fosse aceita no ambiente militar, Florence se esforçou muito em cada passo, lutando com as autoridades militares para tentar levar adiante as mudanças no amparo aos doentes e feridos, além de melhorar as precárias condições sanitárias dos locais de atendimento. Havia um completo desconhecimento da população sobre a diferença entre doenças e falta de higiene.

Ao final do seu insistente caminho, Florence venceu alguns paradigmas ao conquistar um espaço e uma ocupação efetivamente útil para as mulheres. Ela, com sua luta ferraz, foi indispensável para delinear a Enfermagem como profissão.

Contudo, é preciso mais: é imprescindível que haja reconhecimento social e profissional dos enfermeiros em todo e qualquer lugar do mundo onde existam seres humanos, já que são eles mesmos que necessitam de cuidados e dos cuidadores. Não há, neste planeta, ninguém que conheça tanto sobre cuidados como o enfermeiro.

Ainda no século XIX, por volta de 1891, com a chegada da congregação religiosa denominada Filhas da Caridade, na Santa Casa de Misericórdia do Rio de Janeiro, a assistência de Enfermagem tinha teor de caridade e religiosidade, e, por isso, a atividade era vista como uma forma de abnegação, um saber sem conhecimento científico.

Nessa mesma época, os profissionais que exerciam a função de cuidar de outras pessoas protagonizaram mudanças que não tinham participação nem da ala médica nem da hospitalar, mas, sim, de mulheres de classes mais favorecidas que assumiam o papel de cuidadoras e protetoras dos pobres e doentes. Em razão da posição social mais alta dessas mulheres, alguns médicos aderiram ao movimento, mas a maioria continuou contra as mudanças, pois imaginavam que, com a formação dos enfermeiros, isto é, se os cuidadores possuíssem mais conhecimento formal, eles perderiam a autoridade até então incontestável. No entanto, para o regozijo da classe, esse movimento teve êxito e deu continuidade à longa e incansável caminhada rumo ao reconhecimento da profissão – luta essa iniciada por Florence Nightingale, em 1860, e que prevalece até hoje, buscando consolidar o brilho profissional em todas as partes do mundo.

Apesar de todos os avanços técnicos-científicos da área, ainda se observa uma tendência hospitalocêntrica da Enfermagem, com um discreto crescimento nas áreas da saúde coletiva, do ensino e da pesquisa.

Mesmo que ponderado, esse crescimento reflete um grande significado, em especial se averiguarmos que, há alguns anos, nem se falava em pesquisa na Enfermagem. Poucas eram as pesquisas; os profissionais daquela época buscavam seus conhecimentos na literatura médica.

Gastaldo e Meyer (1989) afirmam que a Enfermagem profissional já nasceu vinculada ao hospital e que, provavelmente em razão disso, até hoje prevalece o enfoque curativo. Esse enfoque comprova também a percepção das pessoas sobre a relação entre enfermeiro e médico, uma vez que ambas as profissões estão ligadas visualmente ao hospital. Quem já viu um hospital sem médico ou sem enfermeiro? Eu, autora deste livro, no decorrer dos meus trinta e sete anos de vivência hospitalar, nunca vi. Porventura, a presença imprescindível desses dois profissionais no âmbito hospitalar denote, para a sociedade, o vínculo de subordinação entre enfermeiro e médico, já que o médico é considerado "doutor" e o enfermeiro não o é.

É eminente lembrar que a Enfermagem começou como uma profissão extremamente feminina, já que, no início, o cuidado ao ser humano fora atribuído somente à mulher e, por vezes, considerado uma extensão do trabalho doméstico.

Também é relevante destacar que, nos primórdios da Enfermagem, as mulheres que cuidavam dos doentes eram consideradas desqualificadas e apenas prestavam cuidados aos seres humanos em troca de remuneração para sua mera sobrevivência. Logicamente, esse pensamento e essa atitude fazem parte do passado.

Um ponto notável a ser abarcado é o espírito de solidariedade e religiosidade que ainda permeia a compreensão e a percepção das pessoas em relação aos profissionais da Enfermagem, muitas vezes descaracterizando o ser enfermeiro. Os profissionais de Enfermagem são responsáveis pela transmissão do seu conhecimento e do seu potencial diante do ser humano, sendo ele saudável ou doente. A Enfermagem é uma profissão científica, e seus profissionais têm a liberdade de escolher sua religião e usufruir da sua fé como indivíduos, não pelo fato de serem enfermeiros. Apesar de muitos religiosos fazerem parte do meio profissional da Enfermagem e de algumas igrejas oferecerem cursos de auxiliar de Enfermagem, a profissão não é uma religião.

O que mais chama a atenção é que a maioria dos próprios enfermeiros não percebe a ampliação da profissão e não sente que ela precisa se expandir ainda mais diante das mudanças exigidas pelo avanço mundial e pela irrefreada globalização.

É intuito abordar aqui também as reflexões sobre o dia a dia de várias profissões, sua beleza, seus problemas, seu reconhecimento, seu *marketing*, entre outros aspectos. Uma aeromoça, por exemplo, trabalha viajando e está sempre conhecendo novas pessoas, novos horizontes, além de andar constantemente maquiada e bem-vestida; quanto mais bela sua aparência, melhor. Na Enfermagem, também poderia ser assim, se não fosse o meio, a clientela, os equipamentos e, sobretudo, o final de expediente muitas vezes frustrante por não se ter conseguido salvar alguém da morte e o contato diário com emoções de dor, perda e choro. Esses fatores podem, sim, interferir inclusive na aparência dos enfermeiros, embora seja importante trabalhar esse quesito no âmbito profissional.

Em um piscar de olhos, vejo a grande interferência que tais diferenças podem causar na mente do ser humano, mesmo diante de grande preparo físico, emocional e intelectual. Essa observação tem como objetivo mostrar à nossa população que vários são os fatores desencadeantes para a falta de maior representação social da profissão Enfermagem. Não somos, como dizem, pessoas com pouco preparo, que vêm de um meio social pobre e sem qualificação. Somos pessoas e profissionais provenientes de todas as classes sociais.

Mesmo se tratando de uma profissão com um valor extraordinário, é notório que ainda falta algo para que a Enfermagem ocupe um lugar de destaque verdadeiro, sem intermédio ou encoberto por outra profissão, ou seja, para que alcance uma posição mais sublime.

É fundamental que os líderes da área de Enfermagem tenham um pensamento crítico dos conteúdos que podem produzir as representações sociais da profissão.

Enquanto os profissionais de todas as categorias de Enfermagem não se conscientizarem da grande responsabilidade de sua ocupação, transpondo esse reconhecimento para a nossa sociedade, a profissão se perpetuará como uma subprofissão, uma profissão técnica de nível médio, subordinada ao médico, e os enfermeiros continuarão sendo vistos como executores de atividades de menor complexidade, que não necessitam de estudos mais profundos ou atualizações de pesquisas científicas.

É penoso perceber essa visão subjulgada de uma profissão de dimensão infinita e de profundidade incomparável. Basta pensar que a humanidade não conseguiria viver sem a existência da Enfermagem. Quem mais iria cuidar de um doente em uma assistência contínua de 24 horas por dia?

Capítulo 2

ESTEREÓTIPOS E PRECONCEITOS

A Enfermagem vem carregada de preconceitos sociais, estigmas e imagens estereotipadas, o que tem estimulado alguns enfermeiros a investigar se essas percepções já existiam em décadas anteriores aos anos de 1990. Sabe-se que, pela história da Enfermagem, principalmente o seu início contribuiu para ideias relacionadas a preconceitos e estereótipos; estes, por sua vez, também surgiram de outros processos culturais que deram origem a expectativas, hábitos de julgamento ou falsas generalizações, propícios à reprodução do pensamento e ao fortalecimento de preconceitos, justificando-os diante da população. A Enfermagem é vista como profissão basicamente manual e exercida por mulheres, o que tem levado essa prática profissional a ser bastante desvalorizada socialmente.

Quando se lê sobre a história da Enfermagem, é possível observar a percepção errônea que muitos têm dessa carreira. Houve uma época em que eram as mulheres religiosas que exerciam o cuidado ao paciente. Com o decorrer do tempo, por volta dos séculos XVII e XVIII, elas foram obrigadas a deixar a profissão e, dessa forma, foi necessário encontrar mão de obra substituta. Não foram encontradas pessoas bem qualificadas para tal atividade; aquelas que apareceram eram mulheres de representação baixa na escala social e moral duvidosa.

Isso decorreu do fato de a profissão de cuidador ser pesada, insalubre e de baixa remuneração. Dessa forma, se os candidatos a essa profissão fossem bem colocados na sociedade e tivessem trabalho definido, jamais a cobiçariam.

Assim foi marcado o início da Enfermagem, propiciando uma imagem negativa à profissão desde o século XIX, na Inglaterra, persistindo pelos séculos posteriores em muitos países europeus e chegando até os nossos dias com poucas mudanças.

Histórias como a de Florence (brevemente descrita no capítulo 1) e outros acontecimentos, como os expostos a seguir, vêm demonstrando a abrangência do preconceito – tanto da população em geral quanto dos médicos – em relação à Enfermagem. Para ilustrar o preconceito médico, serão citadas algumas situações.

É frequente e conhecida a criação de neologismos pejorativos para se referir à enfermeira, como "enfermesa" para se referir à enfermeira burocrática, aquela que fica atrás da mesa; ou "infermerosa", termo machista, oriundo da junção das palavras inferno e Enfermagem, para designar uma enfermeira bonita que inferniza a vida do médico.

Médicos comumente se referem aos profissionais de Enfermagem como "a minha enfermeira" ou "a enfermeira que trabalha comigo", expressões com suave conotação de inferioridade e subordinação.

Curioso é observar aqueles que menosprezam a Enfermagem, porém nada fazem sem a presença dos enfermeiros. Por ter trabalhado em uma unidade de pronto atendimento de emergências referenciada na capital paulista, eu, autora deste livro, notei que a maior preocupação dos médicos quando chegava um paciente era se havia um enfermeiro na sala. Por várias vezes, testemunhei médicos deixando o paciente sozinho para procurar um enfermeiro. Presenciei médicos, nutricionistas, assistentes sociais e outros profissionais chegando nas unidades e perguntando: "Quem é o enfermeiro que está aqui hoje?", dando a impressão de que, se não houvesse enfermeiro ali, naquele momento, ele também não executaria as suas funções – ou que, no mínimo, sentiria dificuldade em realizá-las. Para a equipe de Enfermagem, essas atitudes demonstravam claramente a insegurança desses outros profissionais, pois não faziam nada se um enfermeiro não estivesse por perto.

Nesse contexto, enfatiza-se que, sem a presença do enfermeiro nas unidades de emergência, parece que todas as outras atividades são interrompidas. É impressionante a importância desse profissional nas unidades de saúde, independentemente das características de cada unidade.

No que diz respeito ao preconceito da população em geral, é comparativamente igual. Os profissionais de Enfermagem escutam repetitivamente comentários como: "Nossa, a senhora sabe muito, pensei até que fosse a médica". Capta-se, em afirmações semelhantes, a exaltação do saber médico em relação ao do enfermeiro, como se não fosse necessário um conhecimento teórico/científico para o exercício da profissão.

Fiquei absorta quando minha filha me contou o que viu em um dos episódios de um *reality show* de um canal de televisão fora do Brasil. Os participantes deveriam vestir ou usar algum objeto ou utensílio que os caracterizasse. Uma das participantes era enfermeira e colocou uma touca branca com a cruz vermelha, um vestido branco e um estetoscópio no pescoço. Houve uma enxurrada de comentários negativos em relação ao uso do estetoscópio pela enfermeira. Para a sociedade, uma enfermeira não sabe usar um estetoscópio; pensa-se que é um aparelho de uso exclusivo do médico. Quanta inocência! O estetoscópio faz parte tanto das atividades dos médicos quanto da equipe de Enfermagem. Aqui no Brasil, o auxiliar de Enfermagem também possui conhecimento suficiente para manipulá-lo. O mais intrigante é que, no país em que aconteceu isso, não existe o auxiliar de Enfermagem, apenas o profissional em si, que se forma no curso superior. A reação negativa ao uso do estetoscópio pela participante do programa foi tão forte entre a população a ponto de causar conflitos entre os patrocinadores e a empresa de telecomunicação.

Os preconceitos em relação à Enfermagem também se manifestam nas pessoas mais próximas aos profissionais da área, como pais, irmãos e amigos. Pesquisas científicas sobre o assunto têm revelado que são corriqueiros relatos como: "Meu pai não aprovou quando eu quis fazer Enfermagem, disse-me que ele não sabia o que era ser realmente enfermeira; pensava que era uma mulher 'qualquer' que vivia nos hospitais. Escutava as pessoas falarem que elas mantinham 'casos' com os médicos, que era a prostituta do hospital, da clínica ou do laboratório, e que vestia roupa branca. Então, o meu pai foi conversar com um médico para saber a verdade sobre o que realmente era ser uma enfermeira, afinal, ele estava diante de uma decisão muito importante, a profissão da sua filha".

Outro relato é de uma mãe que pediu à filha para não se graduar em Enfermagem por ser uma profissão pouco reconhecida e com remuneração insuficiente para se manter.

Em um outro, um amigo perguntou a uma estudante de Enfermagem: "Você só sabe aplicar injeção?". Ao ouvir a resposta negativa, ele mesmo acrescentou: "Ah! Você também troca fraldas, não é mesmo?". Nessa fala, percebemos o preconceito e a falta de informação sobre a profissão. Deve-se ter cuidado ao discorrer sobre uma profissão que não se conhece, pois acaba-se demonstrando não apenas falta de conhecimento, mas também o tamanho da própria ignorância.

Também é precípuo que os próprios professores universitários têm discriminado a profissão e negado as bibliografias de Enfermagem. Durante o desenvolvimento de minha dissertação de mestrado, uma professora com formação em Comunicação e Metodologia da Pesquisa disse: "Não coloque essas bibliografias no seu trabalho, elas não acrescentam nada". A minha pergunta veio logo em seguida: "Por que não acrescentam? São escritas por enfermeiras!". E ela respondeu: "Porque só falam de cuidado". É muito triste presenciar esse tipo de comentário, mas infelizmente eles são muito recorrentes.

E, por fim, reproduzo o conselho de um colega a uma estudante de Enfermagem: "Por que você não estuda um pouquinho mais e faz Medicina? Eu acho você tão inteligente. Faz Medicina!".

Quantas dificuldades a Enfermagem vem sofrendo ao longo dos séculos!

Apesar do início sombrio que se arrastou até nós, existem a fé, a esperança, o estudo e a pesquisa, que travam uma luta por dias melhores para a Enfermagem. Após percorrer lentamente, sem mudanças, por décadas, a profissão vem avançando em um mundo globalizado, cheio de dificuldades e complexidades e em meio a preconceitos e estereótipos.

Em 2010, a *Revista da Escola de Enfermagem da Universidade de São Paulo* (USP) relatou que a falta de *status* social e a desvalorização profissional e salarial em conjunto com as características da profissão (predominantemente feminina, sem autonomia na tomada de decisões, submissa ao poder institucional e médico, sem limites de atuação estabelecidos e funções indefinidas) mostram, de certa forma, a incorporação do discurso mais crítico veiculado nos últimos anos, denotando também um sentimento de impotência e pessimismo diante dos rumos da profissão.

A invisibilidade da intelectualidade dos profissionais da Enfermagem perante a mídia e a sociedade é algo impressionante. Parece que a mídia quer ou se esforça para continuar denegrindo os profissionais da Enfermagem diante da população. O enfermeiro é constantemente retratado de maneira pejorativa e subserviente, o que estabelece uma dinâmica de convergência que vem contribuindo para explicar diversos códigos populares, compartilhados, reconhecidos e institucionalizados pela sociedade contemporânea. Esses códigos permitem a construção simbólica encontrada em seus conteúdos, que não deixam distantes os elementos que a sociedade constrói sobre a imagem do enfermeiro.

Os profissionais da comunicação são intermediários na codificação das representações imagéticas e textuais sobre a Enfermagem para a sociedade, porém essas representações nem sempre são favoráveis, principalmente para a imagem do enfermeiro. Um exemplo clássico disso é quando novelas, filmes ou seriados mostram o médico mandando a enfermeira servir cafezinho para o seu cliente. Não intenciono diminuir ou desprestigiar a imagem dos servidores de cafezinho, até mesmo porque geralmente eles são educados e gentis, sempre sorrindo e demonstrando satisfação em atender seu cliente. Entretanto, não é função do enfermeiro servir cafezinho. O profissional de Enfermagem também serve o ser humano, mas em outra situação, naquela em que o paciente está impossibilitado de cuidar de si mesmo e de atender às suas próprias necessidades humanas básicas. Na verdade, o enfermeiro nem tem permissão de lidar com cafezinho dentro do hospital, pois os uniformes e as roupas privativas que usam não lhes permitem manipular ou frequentar os locais de preparo de alimentos dentro das unidades de saúde.

Não há dúvidas que os profissionais das redes de comunicação também são os responsáveis por transmitir ao público a imagem verdadeira dos profissionais da Enfermagem. Se os profissionais de Enfermagem permitirem que a mídia fale a verdade sobre a profissão, eles contribuirão para a compreensão das representações sociais da Enfermagem, que podem ser compartilhadas pelos meios de comunicação e pela população.

Se a mídia, diante do seu imenso potencial, mostrar ao seu público o que realmente é a Enfermagem, com certeza a sociedade irá interpretar e fazer o seu real julgamento sobre os enfermeiros e a profissão.

A *Revista Latino-Americana de Enfermagem*, em março e abril de 2007, publicou um trabalho científico de um grupo de enfermeiros com o seguinte relato: a imagem de um grupo profissional ou de uma profissão representada pela mídia é entendida, com frequência, como medida significativa do valor social e econômico daquele grupo.

O texto original é reproduzido a seguir (Kemmer e Silva, 2007).

> Tem-se observado, nas últimas décadas, na literatura internacional, grande interesse na imagem do enfermeiro e da profissão de Enfermagem nos diferentes meios de comunicação quanto ao enfoque histórico, social, ético e a questões relacionadas a gênero. Essa imagem tem significação explicitada pelas representações sociais. "Entendemos por imagem profissional uma rede de representações sociais da Enfermagem que, por meio de um conjunto de conceitos, afirmações e explicações, reproduz e é reproduzida pelas ideologias originadas no cotidiano das práticas sociais, interna/externas a ela. A imagem profissional remete-nos à própria identidade profissional, em sua intrincada rede de significados que se pretendem exclusivos e, portanto, inerentes àquela profissão. A imagem profissional se consubstancia, assim, na própria representação da identidade profissional".
>
> A Enfermagem tem caminhado para a formação de um corpo próprio de conhecimentos científicos, buscando, por meio de estudos e pesquisas, a sua definição como ciência. As pesquisas e os campos de atuação na Enfermagem têm crescido substancialmente nos anos mais recentes, abrindo perspectivas de conhecimento em múltiplas direções. As

representações sociais identificadas em diversos segmentos da sociedade e aquelas veiculadas, notadamente pela mídia, refletem, entretanto, um profissional sem poder, sem autonomia, sem conhecimento, sem voz.

Pesquisas que avaliam essas representações sociais da Enfermagem no mundo, e mais particularmente no Brasil, denunciam ainda uma representação desatualizada e depreciadora da profissão. Estudos realizados com diferentes estratos da população identificaram representações referentes à invisibilidade do profissional enfermeiro, que é caracterizado por realizar tarefas simplesmente técnicas, subordinado à área médica, identificado como auxiliar de médico e atuando em profissão denotativa de mão de obra barata.

As reflexões pertinentes aos resultados desses estudos legitimam o questionamento sobre a influência que a mídia exerce no ideário coletivo a respeito do enfermeiro e da profissão de Enfermagem. A importância da veiculação de representações – por meio de textos ou imagens pela mídia – na perpetuação de estereótipos ou na contribuição de novas representações reside na sua penetrabilidade, sem que haja, muitas vezes, correspondência com o real. Estudo realizado com base em análise de imagens em jornais, revistas de circulação nacional e programas de televisão no Brasil ilustra a forma de penetração da imagem da enfermeira na mídia brasileira. O estudo revela que, nas telenovelas, em revistas masculinas, em jornais, as representações veiculadas relacionam-se à moralidade associada às personagens que as enfermeiras incorporaram: a mãe, a santa, o anjo, a sombra do médico e a mulher-objeto. A pesquisa identificou também a personagem "doutora-enfermeira", isolada dentre as outras representações, decodificada pela tentativa das enfermeiras em articular um vocabulário que seja audível.

Dentre os questionamentos, objetivando analisar a pouca exposição da Enfermagem na mídia ou sua, muitas vezes, desvirtuada representação, encontra-se a preocupação em se compreender melhor a ótica do profissional responsável por ser o mediador entre a fonte e a recepção da informação: o jornalista e o profissional de *marketing* e propaganda.

Os sentimentos de profissionais de comunicação – intermediários na comunicação de notícias e na formação de representações – podem estar impregnados de preconceitos relacionados à enfermagem como profissão não desejável, pela característica de ser predominantemente feminina e subalterna. Sugere-se, então, que se investiguem as percepções de repórteres e produtores de mídia a respeito da Enfermagem e dos enfermeiros.

Uma análise de artigos publicados na grande imprensa paulista, em 1994, foi a base de um estudo sobre a percepção que jornalistas têm a respeito da imagem das enfermeiras e da profissão que elas exercem. Revelou-se que, para eles, a enfermeira e a profissão de Enfermagem concentram-se em seis categorias: a formação e o exercício da profissão, o que a enfermeira faz, a enfermeira transgressora, a enfermeira vítima, a enfermeira pessoa e cidadã e a profissão como adjetivo. As autoras do estudo discutem que a percepção dos jornalistas influencia a construção da imagem da enfermeira na sociedade e que, embora tenham identificado o cuidar, de forma bastante sólida, nos discursos analisados, as funções de gerenciamento, ensino e pesquisa não foram, em nenhum momento, explicitados.

Na literatura nacional, existem poucos estudos que investigam as percepções dos próprios profissionais de comunicação sobre a profissão de Enfermagem, o que conduziu, aqui, ao questionamento de como se dá a representação social que alguns profissionais de comunicação, que atuam em uma cidade no norte do Paraná, possuem do enfermeiro e da Enfermagem.

Para a Enfermagem sair dos esconderijos a fim de se propagar em um mundo globalizado e desenfreado, os enfermeiros devem, além de manter a crescente produção de pesquisas e materiais científicos, falar e escrever mais sobre o que sabem e divulgar informações sobre a profissão e suas habilidades. Para a Enfermagem enfrentar os preconceitos, obter o reconhecimento social e a valorização da profissão, é preciso produzir análises que transformem e controlem também a sua imagem. Essas atitudes poderão gerar grande repercussão na representação social de cada profissional da área, qualquer que seja sua categoria. A atuação diante do preconceito deve objetivar mudanças dos estereótipos sociais, promovendo ascensão social e reconhecimento do papel do enfermeiro na sociedade.

O mito de submissão ao médico precisa ser transposto, por meio de um somatório de argumentos científicos e técnicos, assim como de sua desenvoltura dentro e fora do seu trabalho, incluindo questões como postura e aparência pessoal condizentes com o seu nível de conhecimento.

Diante dos estereótipos e dos preconceitos vivenciados na profissão, os profissionais de Enfermagem preocupam-se em reunir coragem e sabedoria para enfrentar esses problemas. Por meio da proficiência adquirida pelos profissionais, não há motivo nem necessidade de viver à sombra de outras carreiras. E a bravura dos enfermeiros deve reforçar a grandeza da profissão e demonstrar o seu prestígio.

Os próximos capítulos deste livro fornecerão motivações, incentivos para que todos os profissionais de Enfermagem tenham o prazer em lutar por uma representação social mais fortificada.

Capítulo 3

O ENSINO E A FORMAÇÃO EM ENFERMAGEM

Uma boa formação, pautada na aquisição de saberes e competências e associada à disciplina e à responsabilidade, é elemento crucial para o embate em questão. Somam-se a isso os valores éticos atribuídos ao enfermeiro, a ascensão profissional e o poder agregado das titulações acadêmicas.

Mesmo com todo esse incentivo, o desafio é dificultado quando se sabe que as possíveis causas do preconceito em relação à Enfermagem estão diretamente ligadas à qualidade deficiente do ensino nas universidades.

Esse assunto será amplamente discutido neste capítulo, para que o mundo compreenda a urgência da transmutação da Enfermagem em diversas dimensões.

Percebe-se a imensa necessidade de os próprios enfermeiros combaterem a persistente concepção errônea da Enfermagem, minimizando as atitudes e as percepções que contribuem para isso.

Há quem diga que o atual ensinamento da Enfermagem não tem contribuído para a mudança na postura e, consequentemente, da imagem do enfermeiro. A educação em Enfermagem ainda carrega a concepção de que seus profissionais, principalmente as mulheres, devem ser disciplinados e obedientes, sem valorizar suas aptidões, seu poder de desenvolvimento, sua capacidade e seu pensamento crítico.

A tradição é formar "bons empregados e bons trabalhadores" para o mercado de trabalho formal, ou seja, a pragmática de uma abordagem redutora e assistencialista. É um disparate que o foco das escolas e universidades do Brasil seja formar enfermeiros executores de ordens oriundas dos "chefes" ou de profissionais mais experientes. Eles são formados de maneira pouco criativa e muito tímida no que se refere à sua identidade profissional, como se estivessem em uma redoma, onde não há espaço para pensar ou agir, apenas para o "não".

A abordagem precisa ser extinguida.

Para tanto, a formação profissional do enfermeiro deve estimular o desenvolvimento de metodologias questionadoras e instigadoras de novas possibilidades, proporcionar debates ativos e participativos e reger a criatividade, a iniciativa e a autodireção.

Esse norteamento tem o objetivo de ampliar as possibilidades interativas e associativas, inovar o espaço de atuação profissional, criar oportunidades para uma carreira empreendedora e social, instruir os alunos a fortalecerem a autonomia profissional e, por fim, formar profissionais com alto poder decisivo, criativo e capazes de comandar e liderar grandes equipes.

Não basta apenas gerar ou reproduzir o conhecimento pelo conhecimento ou a ação pela ação. É preciso que o saber acadêmico alcance a prática do dia a dia e resulte em melhorias nas condições de vida das pessoas. É necessário desenvolver uma doutrina voltada mais para os alunos, levando-os a participarem de discussões pertinentes a esse mundo em constante crescimento, com visão empreendedora e percepção ampliada e sistêmica da saúde humana.

Nesse contexto, o educador, como formador de opinião, ocupa uma função mediadora, que deve transcender o esquema de respostas prontas, verdades absolutas ou certezas acerca do futuro. O educador deve entender e provocar a mente humana para a responsabilidade e o compromisso com o meio social. O educador deve formar enfermeiros empreendedores sociais. Formar profissionais abertos e flexíveis para o novo, o diferente, isto é, para o protagonismo social; capazes de perceber oportunidades em meio às contradições e às possibilidades de uma nova ordem em meio à desordem e às incertezas; e corajosos para enfrentar as verdades absolutas da ordem social e hegemônica, sem perder o foco da meta proposta. Esses profissionais se tornarão protagonistas de uma nova história.

Há um número excessivo de escolas de Enfermagem de nível superior, todas com classes numerosas de alunos. Não é razoável esperar que um professor transmita seus ensinamentos para uma quantidade tão grande de alunos de uma só vez. Esse desprezo, por parte das escolas, pela formação dos enfermeiros tem repercutido na representação social da profissão.

Comenta-se que o enfermeiro detém seus conhecimentos apenas na esfera biológica, ou seja, ficam restritos a um só assunto. Há de se observar que essa opinião tem respaldo, novamente, na própria precariedade no ensino das técnicas e dos procedimentos de Enfermagem. Durante a formação em Enfermagem, faltam instruções e ensinamentos mais amplos, que permitam ao estudante adquirir criatividade e espírito crítico a fim de identificar e lidar com diversas situações do cotidiano.

Reforça-se aqui que, para não se sujeitar a essa privação, não se tornar um enfermeiro bitolado e, sobretudo, não deixar a Enfermagem ser subjugada, o profissional graduado – e, muitas vezes, pós-graduado – precisa se conscientizar que é necessário adquirir conhecimento também nas áreas de ciências humanas e sociais, a fim de ampliar sua compreensão da natureza humana.

Ouve-se muito dizer que os enfermeiros só sabem falar em "cuidado", que não estão aptos para opinar sobre outros assuntos associados. Às vezes, isso é desesperador para quem sonha ou já sonhou com uma brilhante profissão ou mesmo com reconhecimento profissional, comum em tantas outras carreiras.

É verdade que o aluno de Enfermagem passa muito tempo aprendendo técnicas e teorias bastante simples, mas extremamente necessárias para um ótimo desempenho do cuidado e da assistência de Enfermagem. As técnicas fazem parte da base fundamental do cuidado, uma vez que estão entrelaçadas com a teoria científica.

Por outro lado, o aluno também deve aprender a valorizar o conhecimento teórico, para, assim, discutir os assuntos relacionados à saúde e a doenças com qualquer outro profissional da área, sem dificuldades, medo ou embaraço.

Infelizmente, nota-se que, em geral, muitas disciplinas da formação em Enfermagem não são concluídas ou não englobam a carga teórica suficiente, principalmente no "tronco" profissional, em que são ensinadas as disciplinas comuns para toda a área biológica. Ao final do curso, há uma enorme brecha no aprendizado.

Essa falha no ensino reflete-se em toda a vida profissional do enfermeiro, pois dificilmente ele voltará a estudar disciplinas como anatomia, fisiologia, microbiologia, imunologia, citologia, parasitologia, entre outras. Cabe destacar que a maioria dos estudantes não percebe essa falha no ensino; ele só vai sentir o problema disso no decorrer da vida profissional.

Considerando esse cenário, a impressão é a de que, para os organizadores dos cursos de Enfermagem, essas disciplinas só têm muito peso para a profissão de médico – o que é um grande engano. Quem não conhece a fisiologia e a anatomia humana jamais poderá entender a doença, suas causas e consequências e o que deve ser feito para melhorar a saúde de um paciente.

Os órgãos competentes no ensino da Enfermagem precisam ponderar não apenas sobre as disciplinas básicas, mas também sobre a inclusão de meios para o graduando se sentir obrigado a buscar outros saberes para agregar aos conhecimentos da profissão, abordando temas como comportamento social, familiar, político e religioso.

Em vez disso, a Enfermagem encontra-se hoje com uma representação social ofuscada, com aparência de profissionais subalternos e submissos, perdendo espaços de destaque na sociedade.

A transformação deve começar nas escolas formadoras de profissionais e continuar nas instituições prestadoras de serviços de saúde. Um aluno que aprende práticas de gestão inovadoras e maneiras de fortalecer sua autonomia e criatividade, indo contra o atual modelo tradicional e antiquado, possivelmente se tornará um profissional com poder de desenvolvimento de estratégias que estimulem lideranças – o que, a longo prazo, promoverá a valorização dos profissionais colaboradores e o reconhecimento do capital humano.

Com essas ideias em mente, é possível ter uma visão sistêmica de um processo com repercussão na construção de novos conhecimentos de gestão em Enfermagem, influenciando no clima organizacional voltado para motivação e inovação, na introdução de novos valores para a tomada de decisões nas condições de trabalho e remuneração e até na legislação que regulamenta a profissão, visando à autonomia e à liberdade de exercê-la (Magalhães e Duarte, 2007).

Entretanto, desenvolver e mudar estratégias e planejamentos das organizações de ensino de Enfermagem não é tarefa simples. Requer muita boa vontade para lutar por um ideal e conhecimento adequado para encarar as renomadas instituições envolvidas.

Essa luta deve ser de muitos contra muitos, mas ela tem de acontecer. O cenário atual é completamente indesejável, dado que vem transtornando os profissionais de Enfermagem e tirando seu interesse na busca de um crescimento profissional notório. A formação do enfermeiro necessita de mudanças radicais, em especial no ensino de práticas de gestão; caso contrário, a profissão será excluída de muitos encargos e posições sociais.

Se os gestores atuais tivessem passado por organizações de ensino que tivessem, em seu planejamento, a valorização do capital humano, teríamos hoje os frutos de um trabalho coletivo, incluindo habilidades para liderar grupos e para a tomada de decisões, com ações respaldadas na responsabilidade, liberdade e criatividade.

Criar, desenvolver, incentivar e melhorar as organizações de ensino em Enfermagem significa investir no capital humano dos grupos que formam as organizações de ensino, selecionam os professores, acompanham o desenvolvimento do aprendiz, entre outras funções relevantes.

Essa transformação pode ser alcançada por meio de incentivo à capacidade criativa e domínio pessoal, mudança dos modelos mentais de raciocínio lógico, crítico e reflexivo, com construção de objetivos comuns, além de estímulo à aprendizagem em grupo e alcance do raciocínio sistêmico.

Para concluir, volto a dizer que uma boa formação profissional só traz vantagens e tem repercussão em todas as camadas sociais, pois ajuda a ampliar a visão e dar subsídios aos futuros enfermeiros.

Também é fundamental estar atento a ter uma boa aparência física, vestir-se e apresentar-se bem, conforme local, época e atividades a serem desenvolvidas, para fortalecer a imagem do enfermeiro na sociedade.

Na falta dessas qualidades, a Enfermagem continuará encontrando dificuldades para ter boa representação social e estará sempre diante de visões depreciativas e pejorativas, principalmente no Brasil, onde vivemos em meio aos maiores preconceitos relacionados à profissão.

Apesar de tudo, fica claro que a Enfermagem é uma profissão de deleite; é virtuosa, digna, divina e abençoada.

Capítulo 4

O ENFERMEIRO E SEU *MARKETING* PESSOAL

Marketing pessoal é uma ferramenta atual de suma importância e de alta eficiência, permitindo que pensamentos, atitudes, apresentação pessoal e comunicação verbal trabalhem a favor do profissional em seu ambiente de trabalho.

Há muitas empresas que valorizam mais o *marketing* pessoal – ou seja, a aparência – do que a experiência profissional. Obviamente, o capital intelectual e a ética profissional são imperiosos, mas a aparência pessoal também é vital na definição do perfil profissional que será aprovado para fazer parte de uma empresa.

Sergio Luiz de Jesus (*apud* Rosa, 2008), consultor de gestão empresarial, afirma que:

> *Marketing* pessoal pode ser definido como uma estratégia individual para atrair e desenvolver contatos e relacionamentos interessantes do ponto de vista pessoal e

profissional, bem como para dar visibilidade a características, habilidades e competências relevantes na perspectiva da aceitação e do reconhecimento por parte de outros.

O caminho mais certeiro para o sucesso de um profissional é, sem dúvida, o seu *marketing* pessoal, representado por aspectos como comunicação, simpatia, interesse pelo que faz, ponderação, sinceridade, confiabilidade, demonstração de interesse pelo próximo de forma autêntica e transparente, entre outros.

Um bom *marketing* pessoal é a melhor forma de alcançar objetivos desejados e um lugar de destaque nas camadas sociais. Enquanto a comunicação interpessoal direciona a rede de relacionamentos, o posicionamento da sua imagem física pode definir uma adequação visual em todo o contexto social.

Toda pessoa que desenvolve seu talento com competência de forma suficiente para realizar suas atividades, desde que o aperfeiçoe constantemente, poderá chegar ao topo do que deseja, elevando o nível de notoriedade da sua imagem por meio do *marketing* pessoal. Para isso, é preciso paciência, disciplina, perseverança, elevada autoestima e determinação, além de crenças e valores que poderão direcionar atitudes e comportamentos que ajudarão a alcançar o objetivo final.

Para incorporar esse assunto na Enfermagem, a aparência pessoal dos enfermeiros durante o período de trabalho, ou seja, seu *marketing* pessoal, deve ser um tema discutido e sempre lembrado, pois, além de fazer parte das práticas desenvolvidas pelo profissional, é um aspecto considerado primordial em qualquer profissão.

É comum ouvir, no dia a dia, que "o enfermeiro não faz *marketing* pessoal", e essa ideia está ligada à história da profissão. Mas, hoje, é inadmissível que os profissionais de Enfermagem se justifiquem com base nas questões relativas ao início da sua história. A Enfermagem vem evoluindo dentro do contexto de profissão moderna desde Florence Nightingale, no início do século XIX. É essencial que os enfermeiros procurem mudar alguns velhos paradigmas e repensem a importância de seu *marketing* pessoal.

Rosa (2008) diz que

> saber trabalhar sua imagem é uma competência em si, e deve ser desenvolvida para fazer seu trabalho aparecer. Então, preste atenção em você mesma e como você está sendo vista em seu emprego e assuma o controle da sua imagem.

Assim, não são apenas as habilidades profissionais que tornam o enfermeiro eficiente, mas também ele próprio, ou seja, tanto o que é quanto o que sabe fazer. Ele é um profissional da saúde, e o seu cliente o enxerga como um *outdoor*, um comercial na TV, uma exposição de um jornal.

Sucintamente, vale destacar que os enfermeiros têm de se vestir de modo concernente às suas tarefas, para transpassar seriedade e segurança aos pacientes e também a outros profissionais com os quais lidam no dia a dia. Prioritariamente, as vestimentas não devem remeter à sensualidade, posto que há o equivocado imaginário de que as profissionais de Enfermagem do sexo feminino são sensuais. Assim, no intuito de fortalecer o *marketing* pessoal, não podem ser curtas demais, nem decotadas ou cavadas, nem muito justas. Devem, na realidade, obedecer às normas vigentes para serviços de saúde.

Enfermeiros, com frequência, têm dificuldade de se expressar sobre sua capacidade profissional. Metaforicamente, vivem como ostras, achando que cabe aos outros o esforço de encontrar as pérolas existentes no interior de suas conchas. Neste mundo tão competitivo, os profissionais de Enfermagem precisam saber que não há mais lugar para esse tipo de comportamento. É imprescindível assumirem mudanças de hábitos, para não verem suas carreiras desfalecerem em meio à globalização.

Dutra (2009) reafirma que a capacidade de se comunicar e interagir com o outro é inerente ao ser humano; nossos pensamentos, sentimentos, reflexões e ações podem e devem ser divididos com nossos semelhantes, pois isso nos torna seres humanos. Por meio da comunicação, observamos o presente e incluímos fatos do passado com projeção para o futuro. Dessa maneira, a comunicação adequada não nos limita ao aqui e agora, mas, sim, demonstra a profundidade do saber, ampliando a visão de mundo.

No ambiente de trabalho, a comunicação é um elo entre o profissional e o seu sucesso. E a comunicação eficiente é certamente uma grande aliada para elevar o *status* e atingir o sucesso profissional.

Todo profissional necessita se comunicar bem para se manter estável na profissão, seja no cargo já conquistado ou para alcançar um novo espaço. É inaceitável que um profissional que deseja alcançar um posto elevado no seu trabalho não se expresse bem ou, ao menos, se esforce para isso, dado que essa é a parte mais significativa da exposição pessoal.

Os enfermeiros precisam comunicar-se adequadamente em todas as atividades desenvolvidas, tanto para atender seu paciente quanto para participar de reuniões, elaborar e defender projetos, lançar produtos, negociar, dar entrevistas, falar em público. Uma comunicação deficiente pode, inclusive, ser confundida com falta de competência profissional (Feldeman e Ruthes, 2011, p.55).

Portanto, ao enfermeiro, a comunicação é premente para que se relacione com as pessoas das várias equipes existentes nas instituições de saúde e para que estabeleça uma relação de cuidado e confiança com o paciente. O enfermeiro tem de conhecer e compreender o impacto da comunicação nas relações estabelecidas com outros enfermeiros, auxiliares de Enfermagem, técnicos de Enfermagem e demais profissionais da área da saúde, a fim de melhorar os efeitos positivos e minimizar os riscos que uma linguagem deficiente pode acarretar.

Apesar da evidente importância da comunicação na Enfermagem, sua utilização assertiva ainda deixa a desejar.

Um enfermeiro, ao orientar um paciente, jamais deve utilizar a verbalização popular, sem dar importância às concordâncias verbais ou sem se preocupar se o paciente está entendendo a sua fala para que possa executar as orientações recebidas.

Algumas técnicas sugeridas para o domínio da expressão comunicativa são ouvir reflexivamente, verbalizar aceitação e solicitar esclarecimento de termos incomuns e de dúvidas. Outros exemplos são fazer validações (repetir a mensagem), *read back* e pedir ao interlocutor que repita o que foi dito (Silva, 1996).

Para concluir esta pauta, uma boa comunicação requer tom de voz adequado, linguagem clara e pausas condizentes, a fim de que o ouvinte possa discernir, entender e decodificar a mensagem, para, então, respondê-la, ou seja, dar o *feedback*. Cabe mencionar que uma boa dentição e lábios ajustados, sem hábitos pessoais negativos (como mascar chiclete), além da já citada vestimenta adequada, podem auxiliar para a melhor comunicação e para enaltecer o *marketing* pessoal.

A boa comunicação é a chave para o sucesso profissional que acompanha o esplendor da comunicação.

Desenvolver novos modelos de assistência e aprimorar os já existentes, facilitando a integração de novos saberes, diminui a chance de se tornar um profissional fora dos padrões modernos, o que poderia prejudicar tanto a assistência prestada aos pacientes como também o seu *marketing* pessoal.

Diferenciar-se da maioria, demonstrando atividades e competências atualizadas, levará o profissional a se destacar e aumentar sua visibilidade.

Capítulo 5

A ENFERMAGEM COMO EQUIPE

Muitas pessoas têm dúvidas quanto à palavra "equipe". O que define verdadeiramente essa palavra?

Pode-se dizer que:

1. Equipe é quando um grupo ou sociedade decide criar um esforço coletivo para resolver um problema, desenvolver um produto ou implantar algo.
2. O trabalho em equipe pode ser visto como um conjunto ou grupo de pessoas que tem a finalidade de realizar uma tarefa ou um trabalho, por obrigação ou não, em um âmbito social.
3. É um grupo de pessoas que se dispõem à realização de uma ou mais atividades com o mesmo objetivo. Por exemplo, um time de futebol.
4. É um conjunto de indivíduos que, reunidos, formam um todo em busca de um objetivo em comum.
5. Diversas expressões podem ou não caracterizar uma ou mais equipes: multidão, plateia, bando, marcha, "panelinha" ou grupinho de pessoas que se juntam com uma finalidade.

TRABALHO EM EQUIPE: HABILIDADE ESSENCIAL PARA O MERCADO DE TRABALHO

O termo "trabalho em equipe" começou a ser usado após a Primeira Guerra Mundial, quando os soldados precisavam tomar decisões acertadas. Hoje, "trabalho em equipe" é um método precípuo no ambiente empresarial e bastante usado nos âmbitos político e econômico para discutir, decidir e resolver problemas.

No mercado de trabalho atual, há uma grande necessidade de pessoas que pensam de forma coletiva. Não há mais espaço para o individualismo profissional. Uma das principais qualidades profissionais procuradas pelas empresas é saber trabalhar em equipe. Essa qualidade em um funcionário é extremamente adequada e benéfica para a empresa, porque gera melhores resultados com menores possibilidades de erro, ou do famoso "não acerto", e propicia maior rapidez e eficiência no desempenho das atividades. E, ainda, facilita e estimula o aprimoramento das habilidades de cada profissional individualmente.

Em uma dimensão mais subjetiva, o trabalho em equipe permite agregar valores ao serviço e gerar confiança entre seus membros, proporcionando o intercâmbio de saberes e um ambiente saudável e, consequentemente, o progresso da empresa. Já de uma forma mais concreta, o trabalho em equipe fornece um nível de produtividade satisfatório e um enfrentamento de desafios maiores, contribuindo com o crescimento da organização. A troca de conhecimento e a agilidade no cumprimento de metas e na conquista de objetivos otimizam o tempo gasto de cada indivíduo, colaborando para um maior aprendizado profissional e novos relacionamentos com outras pessoas.

Trabalhar em equipe, no sentido de integralização, significa criar um esforço coletivo para solucionar problemas e desenvolver ideias. Profissionais que trabalham em equipe são pessoas que dividem e somam ao mesmo tempo, pois sabem que, por mais que uma ideia pareça insignificante inicialmente, ela pode se provar valiosa no decorrer do processo. Uma ideia que surgiu discretamente pode se tornar grande quando dividida com outro profissional, e pode ser maior ainda quando somada com as ideias de cada pessoa que expuser o seu pensamento para a equipe. Uma vez colocado em andamento esse processo, todos unidos com um único objetivo, o sucesso tão almejado será alcançado.

Em geral, os projetos que apresentam os melhores resultados são desenvolvidos por equipes, muitas vezes compostas por pessoas com diferentes formações. O resultado de um trabalho em equipe é a soma de esforços coletivos. Por isso, tanto o provável sucesso como o possível fracasso são de responsabilidade de todos os membros do grupo. Os objetivos são comuns, as metas são coletivas e todos tendem a chegar no ponto esperado ou ir além daquilo que foi predeterminado. Essa forma de trabalho facilita o cumprimento das tarefas, possibilita a partilha de informações e agiliza o alcance dos objetivos.

Considerando o panorama atual, um profissional ganhará destaque na carreira se ele desenvolver habilidades essenciais para o trabalho em equipe. Ademais, ele deve ser capaz de influenciar os colegas a buscar melhores resultados para a empresa e almejar sempre o crescimento individual. Essas ações darão mais chance de ocupar posições de liderança na empresa e, proporcionalmente, obter maior visibilidade pessoal e profissional.

Conviver em sociedade, trabalhar em equipe, buscar novos conceitos, incluir ideias de outros profissionais e de outras pessoas na nossa rotina tornam a vida mais envolvente e menos trabalhosa. O fardo tende a ficar mais leve. Por isso, o trabalho em equipe está sendo cada vez mais valorizado.

Apenas para ilustrar, podem ser citados muitos trabalhos em equipe de muito sucesso, ainda que tenham sido cometidos erros no meio do caminho. Por exemplo, os times de futebol jamais podem ter uma postura individualista. Cada um dos jogadores desempenha o seu papel, e um depende do outro para a finalização do gol e a vitória ao final. E, muitas vezes, um time depende de outro para progredir dentro de um campeonato. Outro exemplo é o trabalho das formigas e dos gafanhotos, que dividem as tarefas para buscar alimentos. Cada um faz a sua parte. Já as gaivotas, quando voam em forma de V, revezam a líder que está na ponta do V direcionando o grupo, a fim de chegar ao seu destino sem sobrecarregar nenhuma ave.

Assim deve ser o trabalho em equipe: não há sobrecarga, é animado, agradável, espirituoso, incansável, prazeroso e, na maioria das vezes, gera ótimos resultados.

Assim também a Enfermagem vem desenvolvendo o seu trabalho, ao longo das décadas, dado que é uma grande responsabilidade trabalhar com vidas.

COMPREENDENDO A ENFERMAGEM COMO UMA PROFISSÃO COLETIVA PARA UM MUNDO MELHOR

O mundo globalizado está em constante transformação e pede, intimida, conclama e determina uma convivência social cada vez maior. Uma ideia, um pensamento no âmbito profissional não se propaga se não for interligada a outras ideias e outros pensamentos.

Para exemplificar isso, sempre gosto de relatar uma situação. Décadas atrás, os setores de Enfermagem não dispunham do equipamento chamado bomba de infusão – que funciona como um computador que conta e infunde, por via intravenosa, as gotas de soro ou de medicamentos na corrente sanguínea do paciente. Hoje, essa tecnologia é mandatória na rotina dos profissionais da área de saúde. Mas, para que esse equipamento pudesse ser criado, muitos outros profissionais acreditaram na ideia de uma enfermeira que pensou em um aparelho de maior precisão na contagem de gotas das soluções injetáveis. Com a colaboração de engenheiros eletrônicos e mecatrônicos, *designers*, economistas e outros profissionais, a ideia foi se desenvolvendo até chegar na concretização da bomba de infusão como existe hoje.

Sem dúvida, a Enfermagem é uma profissão coletiva por inteiro. Caracteriza-se pela impossibilidade do trabalho ser realizado por um único profissional e por uma única categoria. Todas as atividades e absolutamente todos os procedimentos requerem a ajuda e a colaboração de vários profissionais. Dessa forma, é relevante destacar aqui que a comunicação adequada (o já comentado *marketing* pessoal) e um bom relacionamento interpessoal são fatores preponderantes no bom desempenho das atividades no geral e na promoção da sintonia no trabalho.

Os profissionais de Enfermagem exercem suas atividades em equipe ou em duplas, e o fazem de forma harmoniosa. Obrigatoriamente juntos, estão sempre pensando que não podem errar, pois a vida de alguém está em suas mãos; que o medicamento tem que estar certo, com a dose certa, no momento certo para o paciente certo; que precisam garantir a segurança e o bem-estar do paciente e de seus familiares; entre tantas outras preocupações. Com tanta necessidade de certeza, é indispensável praticarem a coletividade, o que é concretizado na Enfermagem por um procedimento chamado dupla checagem, ou seja, quando duas pessoas estão relacionadas diretamente ao paciente e executam, em dupla, todas as tarefas pertinentes a ele.

Diariamente, os membros da equipe de Enfermagem se deparam com situações de difícil resolução no seu ambiente de trabalho. Em uma sala de emergência, por exemplo, estão cientes dos seus afazeres e sabem como agir, pois foram treinados para isso. No início do período de trabalho, todos os membros da equipe de Enfermagem sabem suas funções por meio da escala de atividades diária que é elaborada pelo enfermeiro líder. As funções estão detalhadas e predeterminadas nessa escala, pois assim não há confusão ou falta de entendimento entre os membros da equipe. Tudo deve fluir sem percalços e o intuito primordial é o bem-estar do paciente. Graças à equipe e a um trabalho organizado com início, meio e fim, em que todos cumprem as suas tarefas simultaneamente, muitas vidas são salvas todos os dias.

Com o trabalho em equipe, os objetivos são alcançados sem estresse e sem cansaço, tornando o fardo bem mais leve. Sozinhos, somos frágeis, e jamais conseguiríamos realizar tudo ao mesmo tempo.

No exemplo da sala de emergência, se apenas a enfermeira estivesse presente para reanimar um paciente, preparar medicamentos e administrá-los, instalar aparelhos e controlar os sinais vitais, certamente não conseguiria fazer todas as tarefas ao mesmo tempo – e vidas seriam perdidas, uma vez que esses procedimentos devem ser realizados rapidamente, em uma verdadeira corrida contra o tempo.

Reanimar um paciente, ou ressuscitá-lo, depende muito do tempo. A capacidade, a agilidade e a competência do trabalho em equipe é que garantem que haja tempo hábil. A equipe deve trabalhar com rapidez e organização para alcançar o ponto primordial do sucesso esperado, que é ver a vida do paciente brotar novamente, trazendo alegria e prazer de viver. A reanimação é o mais alto nível de gratificação relatada e vivenciada por uma equipe de Enfermagem. Daí a importância do poder da ajuda mútua: líderes e equipes superam crises quando se unem.

Na vida, é preciso enfrentar grandes dificuldades e adversidades diariamente, mas a nossa coragem aumenta quando estamos em grupo ou em equipe. Nossa capacidade e nosso potencial multiplicam-se, facilitando e tornando prazerosa a nossa realização profissional e, consequentemente, o nosso sucesso.

ADMINISTRAÇÃO DE CONFLITOS: INSTRUMENTO ESSENCIAL NO TRABALHO EM EQUIPE

As inúmeras vantagens e o valor imensurável do trabalho em equipe estão claros, mas não se pode fechar os olhos para os conflitos que esse esquema pode causar.

Por mais que pareça contraditório, as diferenças de personalidade entre os membros de uma equipe são de grande importância para o crescimento e desenvolvimento de uma empresa, contribuindo inclusive para a solução de problemas. Pode-se dizer, então, que o bom funcionamento de uma equipe depende muito da personalidade de cada elemento ou indivíduo que dela faz parte, assim como o relacionamento entre os componentes do grupo.

Sem essas diferenças seria mais difícil resolver, de forma ágil e segura, os problemas encontrados no trabalho e nas empresas. É a diversidade que impulsiona e motiva o crescimento profissional. Imagine uma empresa em que todas as pessoas pensem igual. Onde chegariam?

Entretanto, nem sempre a harmonia ocorre de forma natural. Essas mesmas diferenças benéficas podem gerar conflitos, os quais devem ser resolvidos no menor tempo possível. Em geral, as discussões acontecem não por atos errados ou falta de educação, mas, sim, em razão de diferenças individuais. Portanto, discordâncias podem acontecer em qualquer ambiente em que haja duas ou mais pessoas com diferentes personalidades, culturas, religiões ou ideais políticos e sociais.

Para resolver esse tipo de impasse, não existe uma receita pronta. As recomendações sugerem que os funcionários foquem o pensamento no coletivo e que os conflitos sejam administrados adequadamente, de modo que tragam benefícios à equipe de trabalho e nenhum prejuízo para a empresa.

As divergências devem ser administradas e direcionadas com competência e o mais rapidamente possível, para que não tomem dimensões maiores e rumos indesejáveis.

Cada membro da equipe deve pensar nos interesses coletivos, e não apenas nos seus próprios, para que os objetivos e os resultados sejam mais facilmente alcançados.

Deve aprender a lidar com os conflitos do dia a dia e desenvolver habilidades de esclarecer fatos e conciliar as necessidades.

Essas condutas ajudam a minimizar ou até a acabar com os desentendimentos, e também podem conquistar a confiança e a atenção da equipe.

Para ajudar o outro, ter harmonia no ambiente e trabalhar em equipe com os conflitos administrados, é necessário que todos sejam proativos, sempre dispostos a contribuir com o grupo e nunca ajam de maneira individualista. Só assim será possível resolver os problemas que surgem na empresa de forma coletiva e profissional.

Após a resolução de um desentendimento entre duas ou mais pessoas, o clima do ambiente parece ficar mais leve e mais confortável do que antes do conflito. Ademais, deve-se sempre lembrar que os resultados finais são e devem ser atribuídos a todos como equipe.

Ao esquadrinhar esses conflitos entre enfermeiros e técnicos ou auxiliares de Enfermagem, é possível constatar maior eminência na solução dos impasses, uma vez que a própria profissão já traz uma certa tensão por lidar diretamente com vida e morte.

HARMONIA E MÉRITO

É nítido que quando duas personalidades compatíveis trabalham juntas, a equipe funciona melhor, pois o trabalho flui e deslancha com menor peso e menor dificuldade. Levando em conta essa dimensão, promover um ambiente saudável e colaborativo é essencial para um bom desempenho de um trabalho em equipe. A harmonia exige cordialidade, empatia e consciência sobre o trabalho e os deveres individuais.

Habitualmente, esse molde de trabalho requer muitas horas de convivência, o que nem sempre é viável. Por isso, a harmonia e o respeito devem ser cultivados em todas as ocasiões, tornando, assim, as horas no ambiente de trabalho prazerosas.

Essa é a forma de trabalho apregoada nas equipes de Enfermagem, visando a uma rotina mais leve, já que trabalham em um ambiente de alta complexidade, em meio à vida e à morte do ser humano, e permitindo a execução da dupla checagem.

Os profissionais com capacidade de pensar e agir de modo mais coerente com essa dimensão terão mais visibilidade dentro da empresa, assim como maior possibilidade de progredir na carreira. Às vezes, essa visibilidade ocorre apenas no seu setor de trabalho, mas, ainda assim, isso representa um ganho. É essencial que os profissionais aprendam "a valorizar o seu valor".

Uma boa representação social, profissional e pessoal tem um valor incalculável; é o ingresso para atingir o sucesso. Para que isso aconteça de fato, é necessário se esforçar, trabalhar, estudar, pesquisar e melhorar a cada dia, fazendo diferença no ambiente de trabalho e procurando levar harmonia, conhecimento e entusiasmo para a equipe.

A Enfermagem precisa aprender a valorizar mais essa representatividade profissional, pois ela pode ser o caminho da motivação e a estrada do destaque profissional. Dificilmente uma pessoa com boa representatividade agirá de forma a perdê-la, pelo contrário: fará o possível para mantê-la e expandi-la.

RESPEITO E AUTONOMIA

Para conquistar profissionais mais produtivos, é fundamental que cada membro da equipe respeite a autonomia dos seus colegas de trabalho. Esse é o principal fator para a motivação, que, por sua vez, leva os profissionais a desenvolverem as suas potencialidades.

Uma pessoa com relativo livre-arbítrio no seu espaço de trabalho cumpre suas funções de forma prazerosa e confortável, produzindo mais e alcançando melhores resultados. A autonomia proporciona a confiança necessária para ela executar suas atividades com ótimos resultados, levando-a a ter maior responsabilidade e comprometimento.

CONFIAR E SER CONFIÁVEL

Demonstrar confiabilidade e confiar em si mesmo são componentes irrefutáveis para se atingir o sucesso profissional e refletir a representação social da profissão. Quando o profissional mostra que acredita em seu trabalho e na capacidade dos membros da sua equipe, ele se torna uma pessoa que inspira confiança.

Implantar, gerar e demonstrar esse processo de confiança para a equipe significa ganhar um reconhecimento maior entre os colegas e, com o tempo, notoriedade na empresa. O profissional que alcança esses objetivos torna-se um bom exemplo e conquista o comprometimento e a lealdade dos colegas no nível tanto setorial quanto empresarial.

INOVAÇÃO E CRIATIVIDADE

A busca constante por inovações, aliada à criatividade, é outra forma de crescimento profissional, além de ser de grande valia para a empresa. Fazem parte dessa busca desenvolver e propor maneiras mais assertivas – e/ou inovadoras e/ou criativas – de resolver os problemas e realizar as tarefas. Por exemplo, otimizar o tempo, utilizando procedimentos que estimulem a criatividade dos membros da equipe, a fim de contribuir para o aumento da produtividade com mais eficiência e menos possibilidade de erros.

Outro grande efeito das inovações e que impulsiona a busca por novas habilidades é a mudança do perfil dos clientes internos (profissionais) e externos (pacientes e familiares), o que pode expor o enfermeiro e sua equipe a uma diversidade de crenças, valores, atitudes e padrões de comportamentos. Tanto a instituição de saúde quanto os profissionais devem estar preparados para essas peculiaridades. Somente assim contribuirão para a construção de uma representação social fortalecida.

INVESTIMENTO NA EQUIPE E NO PROFISSIONAL

As empresas também devem cumprir o seu importante papel no desenvolvimento profissional tanto individual como da equipe, criando e aplicando técnicas de aprimoramento de habilidades e ajudando seus funcionários a desenvolverem novas competências que facilitem o trabalho em equipe.

Essas técnicas devem ser aplicadas de forma eficiente para melhorar a comunicação e a convivência social, assim como ensinar os funcionários a lidarem com as diferenças de personalidades e de níveis educacionais. Assim, a empresa estará contribuindo para que seus profissionais alcancem melhores resultados não apenas no trabalho, mas também no âmbito pessoal, pois o aprendizado e o aprimoramento de habilidades fazem parte de uma vida melhor.

VALORIZANDO O CAPITAL HUMANO

Muitas vezes, as empresas somem ou desaparecem do mundo empresarial porque seus diretores se esforçam exclusivamente na produção de bens e serviços, esquecendo-se de que sua organização é formada por uma comunidade, ou seja, seres humanos que trabalham para se manter vivos. Os executivos dessas empresas preocupam-se com terra, trabalho e capital, negligenciando o fato de que trabalho significa tendências gerenciais que podem levar pessoas ao sucesso esperado, beneficiando ambos os lados.

As empresas ou organizações que se mantêm vivas e atuantes priorizam uma governança que valoriza as pessoas, com flexibilização na direção e no controle das atividades, bem como enaltecem fatores como sensibilidade no ambiente, consciência de identidade e mérito a novas ideias.

Na economia mundial, a saúde assume um papel de destaque à medida que comprova sua influência direta no desenvolvimento humano e social.

O setor da saúde e os serviços de Enfermagem trabalham essencialmente com pessoas e para pessoas de forma muito intensa; o momento da execução do trabalho ocorre junto com a interação dos profissionais e seus usuários. Essa singularidade das instituições de saúde caracteriza os seus colaboradores como o seu capital humano, refletindo uma certa abstração. A subjetividade da área da saúde é intensificada ainda mais pela intangibilidade dos produtos (no caso, serviços) oferecidos, uma vez que a atividade é representada pelo atendimento às pessoas, com intervenções diretas sobre o seu bem-estar físico, mental, psicológico e espiritual.

É desanimador notar que, mesmo atuando no progresso humano e social, as instituições de saúde ainda negligenciam atenção aos seus colaboradores, que são o seu capital humano.

Portanto, as organizações de saúde devem, com urgência, exacerbar a valorização dos seus profissionais, no sentido de os dirigentes reconhecerem que o capital humano são os colaboradores que trabalham nas suas instituições de saúde, sem os quais os objetivos de assistência jamais se concretizarão.

A ENFERMAGEM E AS ORGANIZAÇÕES DE SAÚDE

A Enfermagem, como parte das organizações de saúde e colaboradora direta das atividades voltadas ao bem-estar das pessoas (pacientes, clientes), deve utilizar a comunicação como a essência do comando, da coordenação, do planejamento e do controle das normatizações, regulamentos e execução das atividades ligadas a organizações e empresas de saúde. Vale lembrar que as organizações, como sistema, dependem de uma comunicação adequada entre suas partes para garantir um funcionamento satisfatório. As organizações ou empresas só alcançarão seus objetivos se todos os colaboradores obtiverem as informações corretas e compreenderem adequadamente a mensagem, para que possam a repassar de forma clara e precisa, com efetividade e eficácia em cada situação.

Assim como em todas as outras profissões, a Enfermagem faz uso da comunicação dentro das organizações, mostrando a posição dos serviços de toda a equipe em um organograma institucional, o qual é definido como ascendente, descendente e horizontal. Suas categorias são bastantes distintas, compostas pelo enfermeiro, técnico de Enfermagem e auxiliar de Enfermagem – este último em processo de extinção pelo Conselho Federal de Enfermagem (Cofen) até o momento da publicação deste livro. As posições mais altas das organizações de saúde, como gerência, coordenação e supervisão, são ocupadas exclusivamente pela categoria enfermeiro, que é um profissional graduado, e, de preferência, com especialização em Gestão ou Administração. Essa forma de comunicação por meio do organograma institucional é muito bem entendida pelos membros da equipe de Enfermagem.

Capítulo 6

LIDERANÇA EM ENFERMAGEM NO SÉCULO XXI

Ao longo da evolução da Enfermagem, averigua-se que a profissão é caracterizada por lideranças autoritárias maléficas. Os dirigentes de Enfermagem costumam desenvolver suas atividades e seu planejamento com base nas necessidades do serviço e no cumprimento de regulamentos, normas e tarefas, apenas reproduzindo o que é preconizado pela organização ou por outros profissionais. Contudo, esse modelo tradicionalmente arcaico e autoritário de dirigir um grupo, empresa ou serviço está longe do que o mundo propõe atualmente; além de causar insatisfação dos profissionais, não produz o seu máximo e não atende às necessidades dos clientes. A sequela é uma profissão submissa.

Esse problema permanente da profissão Enfermagem vem causando, hoje em dia, inquietação e questionamento por parte dos enfermeiros assistenciais, docentes e enfermeiros pesquisadores – profissionais que têm procurado nortear os rumos do gerenciamento em Enfermagem, mas estão apenas no começo da caminhada.

A liderança de grupos requer muita sabedoria e recursos fundamentais para implementar transformações que alicercem toda a equipe de colaboradores, para que se sintam úteis e queiram compartilhar ações de melhorias. É necessário um modelo de gerência que aspire à melhoria da qualidade da assistência prestada e crie estratégias para a satisfação dos membros da equipe.

Segundo Kron (1995), a liderança é fundamental para uma boa assistência ao paciente. Liderar é influenciar pessoas a crescer, a fazer mudanças, não importa o quão insignificante possam ser essas mudanças. O essencial é proporcionar melhorias na qualidade da assistência de Enfermagem prestada ao paciente, além de desenvolver o potencial da equipe de Enfermagem.

Embora vagarosamente e com empecilhos, a Enfermagem contemporânea está começando a romper discussões acerca de um exercício mais democrático de sua profissão. Em encontros científicos e nos espaços acadêmicos, líderes têm depreendido temas como crescimento e desenvolvimento participativos e cooperativos dos profissionais, reforço da voz ativa dos enfermeiros nas decisões e incentivo à criação e à execução dos processos de Enfermagem.

Ressalta-se que, mesmo que haja líderes visionários, o profissional deve praticar sua independência atuando individual e coletivamente, buscando seu aprimoramento e perseguindo seus objetivos, sem depender nem culpar os líderes ou outros colaboradores, porém, respeitando-os. E o respeito mútuo surgirá do vínculo.

A formação de um vínculo social entre líder e liderados é condição crucial para o ajuste das relações nas circunstâncias de trabalho. Esse vínculo só atenderá às expectativas de ambos os lados e da empresa se houver um entendimento e uma aproximação efetiva entre as duas partes. Se um líder não for capaz de perceber as necessidades e os anseios dos liderados, não haverá formação do vínculo entre eles. A consequência disso é uma percepção generalizada de que alguma coisa não está correta ou adequada, tanto para um quanto para o outro.

Sendo assim, o enfermeiro líder de hoje e do futuro deve ser habilidoso em edificar esse vínculo. Deve conhecer bem os liderados e vê-los como seres individuais, dotados de capacidade intelectual e competências profissionais, sem esquecer de suas fragilidades e dificuldades, como todo ser humano. Cabe ao líder a competência de oferecer e mostrar caminhos que possibilitem o desenvolvimento e aperfeiçoamento do pessoal de Enfermagem.

Segundo Benis (1995), o líder do futuro deverá ter a capacidade de criar um ambiente de trabalho gerador de capital intelectual. Por conseguinte, esse líder usufruirá de uma equipe capacitada e qualificada, alcançando resultados que mereçam elogios e uma clientela satisfeita.

Já Kawamoto (1994) relata que os enfermeiros só conseguirão exercer uma liderança eficaz se compreenderem o processo de liderar, que inclui aspectos como comunicação adequada e desenvolvimento das habilidades.

A comunicação é um instrumento fundamental do líder, por meio do qual ele compartilha ideias, aprimora a compreensão, aproxima as pessoas e monitora o desempenho. Configura-se como um recurso imprescindível para o sucesso da liderança. Comunicando-se bem, o enfermeiro líder pode desempenhar suas atividades por meio das inter-relações com o cliente, com a instituição e com a equipe multiprofissional, proporcionando melhorias na qualidade da assistência de Enfermagem.

Alguns estudos mencionam a necessidade de reflexão sobre a prática profissional atual e a importância de buscar estratégias para melhorar a liderança na área. A formação do enfermeiro, as instituições de saúde e os programas de educação permanente são alguns dos meios mais relevantes quando se pensa em melhorias a longo prazo.

Apesar do tema bastante complexo, entende-se que a capacidade e a competência do enfermeiro em liderar equipes requer mudanças tanto nos órgãos formadores como nas instituições de saúde. As escolas de Enfermagem necessitam urgentemente viabilizar currículos e criar procedimentos para propiciar melhor aprendizado sobre liderança aos seus futuros profissionais. Compete às instituições de ensino de Enfermagem proporcionar meios para o progresso dos enfermeiros em relação a um novo tipo de liderança, mais moderna e flexível, deixando para trás a liderança autoritária e intransigente.

Jamais o enfermeiro poderá ficar alheio às inovações da liderança. Nas instituições de saúde, ele deve buscar estratégias que possibilitem conciliar os objetivos da organização com os da equipe de trabalho, interligando a assistência de Enfermagem com a qualidade prestada ao cliente e o aperfeiçoamento dos membros da equipe.

A Enfermagem é um campo muito propício para o desenvolvimento da capacidade de liderança, pois suas atividades são sempre desenvolvidas por uma equipe com formação diversificada, que varia do nível elementar ao superior. O enfermeiro tem a responsabilidade de coordenar, comandar, liderar e supervisionar todos os serviços de Enfermagem.

Segundo Kurcgant (1991), o enfermeiro, ao vivenciar a prática da liderança nas organizações de saúde, depara-se com inúmeras dificuldades, uma vez que as expectativas da equipe de Enfermagem e das instituições de saúde são completamente diferentes.

Essas diferenças geram insegurança e frustração no enfermeiro, que frequentemente se sente incapaz. Entretanto, uma boa capacitação em liderança possibilitará que esse profissional se torne um multiplicador e um agente de mudanças, criando e desenvolvendo as inovações, visando a melhorias para a organização e resultando em uma assistência de Enfermagem de excelência e na satisfação dos colaboradores.

A temática é de alta complexidade e, aliada à escassez de estudos na Enfermagem brasileira, torna-se ainda mais difícil a sua discussão. Contudo, esses fatores determinantes podem permitir que novos estudos sobre liderança se propaguem na área de Enfermagem e os esforços dos profissionais se acentuem, amenizando as dificuldades encontradas.

PERFIL DO ENFERMEIRO CONTEMPORÂNEO

A história da Enfermagem, assim como sua origem e seu modelo assistencial, até hoje influenciam a formação e o perfil profissional do enfermeiro. Sendo assim, é viável e necessário que a Enfermagem deixe a sua história no passado, a fim de conseguir crescer livremente.

É dever dos profissionais da área traçar um novo perfil para o enfermeiro do futuro. Para tanto, há muito que se discutir em relação à formação e à educação desses novos profissionais.

A Enfermagem exige um pensar cuidadoso e criterioso em relação à saúde e ao bem-estar do paciente. Também precisa estar em sintonia com os desejos globais e os avanços tecnológicos, que podem influenciar o fazer e o pensar dos novos profissionais. As mediações existentes no mundo e, principalmente, no cenário do trabalho revelam a necessidade da inserção concreta do enfermeiro na evolução do mundo globalizado. Procurar construir uma Enfermagem voltada para a ciência do conhecimento pode mudar a realidade em que vivemos.

É nesse contexto que os profissionais devem captar subsídios para firmar um plano de assistência aos seus pacientes com conhecimento técnico, baseado em resultados comprovados de pesquisas científicas.

Hoje, os enfermeiros recorrem a um julgamento clínico e a um pensamento crítico e reflexivo para a solução de problemas relacionados à sistematização da assistência de Enfermagem. O enfermeiro deve manter suas funções vinculadas às atividades práticas agregando a elas três tipos de raciocínio: o pensamento crítico, o julgamento clínico e a capacidade para administrar problemas e conflitos.

Capítulo 7

ENFERMAGEM: UMA PROFISSÃO EM BUSCA DE MUDANÇAS

O século XXI é circunstanciado pela globalização econômica, que enlaça constantes reestruturações tecnológicas e transformações demográficas, políticas e ecológicas. Esse processo reflui para o âmbito profissional e empresarial em forma de impetuosa competição.

As características organizacionais de hoje não eram contempladas antes da chegada de novas tecnologias. Por isso, é essencial entender os conceitos tradicionais das teorias das organizações para então analisar as recentes abordagens e alterações que a modernização exige.

Estudos indicam que as organizações consideradas bem-sucedidas neste século serão aquelas que, em sua prática, se fortalecerão de modo que se tornem mais flexíveis e adaptadas às diversas mudanças mundiais.

Essas organizações precisam estar munidas também de profissionais competitivos, com flexibilidade para mudanças, capacidade e visão de um mundo moderno e desejo de atualizar-se constantemente. Essas pessoas, por sua vez, devem procurar trazer outros mundos para o seu próprio mundo, ou seja, buscar aprendizado em áreas diferentes. Dessa maneira, ambos contribuirão para a proficiência diversificada e necessária para se manterem em sintonia com todas as mudanças mundiais.

A implementação crescente de novas tecnologias em todos os setores da economia mundial tem aumentado o grau de complexidade organizacional, instigando novos desafios às instituições, inclusive na área de saúde.

Assim como outras ciências e profissões, a Enfermagem sofre o impacto das progressões e precisa emitir respostas rápidas e efetivas para acompanhar a evolução do mundo.

As tendências apontam para uma necessidade de metamorfoses no setor da saúde, em especial nos processos de Enfermagem. Essa profissão, que às vezes parece passar despercebida pelas pessoas, também está diante da crescente complexidade das organizações e dos serviços de saúde. Para se manter nesse mercado cada vez mais competitivo, não basta estar presente: é preciso se integrar, interagir, socializar-se e, principalmente, organizar e desenvolver processos de trabalho que correspondam a uma demanda social por serviços de qualidade – mesmo que isso seja interpretado como desenvolvimento profissional com ênfase no crescimento social e econômico.

Na Enfermagem, a batalha pela capacitação deve ser diária. É preciso transpor, para o meio profissional, não apenas o cuidar, que é a essência da profissão, mas também as atividades executivas, educativas, competitivas, de pesquisas e grupos de estudos, procurando desenvolver um espírito crítico e reflexivo em cada um dos profissionais.

A Enfermagem moderna organiza seu processo e suas estratégias de trabalho de maneira a compreender suas raízes históricas e buscar opções que atendam às exigências e às demandas da atual complexidade mundial.

Na organização de seus processos de trabalho, os serviços de Enfermagem são fortemente influenciados pelas teorias tradicionais de Administração Geral. Até hoje, a Enfermagem adota modelos organizacionais advindos de áreas de produção, principalmente a industrial. Inclusive a formação dos enfermeiros tem se focado no ensino de Administração em Enfermagem, no qual predomina um gerenciamento técnico-burocrático. A utilização desse tipo de processo impede ou retarda o conhecimento sobre novas formas de gestão.

As práticas gerenciais utilizadas atualmente na profissão Enfermagem apontam pressupostos clássicos da Administração, predicando condutas baseadas na centralização do poder e do controle, na impessoalidade das relações e com ênfase nas atividades burocráticas. É um panorama ainda marcado pela alienação de suas atividades, de seu objeto de trabalho (o paciente) – decorrente da fragmentação do trabalho –, da realização de tarefas repetitivas, da alta normatização e da impessoalidade nas relações.

Essa forma tradicional de organização dos serviços de Enfermagem limita a iniciativa e a criatividade, além de gerar insatisfação, descompromisso e baixa produtividade dos profissionais. Tampouco tem contribuído para uma boa formação de profissionais críticos e politicamente conscientes, capazes de enfrentar problemas emergentes, questionamentos e inovações das propostas de gestão em saúde e dos serviços de Enfermagem.

Sublinho que um profissional de uma carreira "X" jamais saberá o que faz um profissional da carreira "Y" e vice-versa; ninguém conhece de verdade a profissão do outro, suas atividades e os seus afazeres. Portanto, os enfermeiros têm de deixar brilhar as suas aptidões; não podem permitir que sejam humilhados ou ficarem envergonhados de falar sobre o que sabem e fazer valer a sua área de domínio. Caso contrário, continuarão sendo aqueles que apenas aguardam as ordens de alguém.

A solução é mostrar, por meio da fala e das tarefas de rotina, que os enfermeiros também são profissionais com saber científico e que dominam a diligência pertinente à profissão Enfermagem. Não podem tolerar que outros profissionais ocupem seu espaço ou que os tentem inferiorizar em meio a outras profissões. No entanto, para que isso de fato aconteça, é preciso estudar e se atualizar a cada momento da caminhada profissional, bem como se autopromover.

Percebe-se que, no âmbito da prática profissional, a Enfermagem tem apresentado falhas. Geralmente, o enfermeiro não orienta os pacientes sobre a função de cada um dos membros da equipe de Enfermagem, o que elevaria a competência de cada um. Na realidade, uma atribuição básica da Enfermagem é fornecer orientações a cada início de atendimento, seja hospitalar, ambulatorial ou em qualquer outro âmbito. Consequentemente, essa simples ação, se for feita de forma correta, alastrará o apreço da profissão.

Ao buscar novas formas de gestão, é necessário incorporar novos saberes e habilidades sintonizados a uma prática administrativa mais aberta, flexiva e participativa, fundamentada não apenas na razão, mas também na sensibilidade e na intuição dos profissionais.

A Enfermagem tem de acompanhar as transformações da sociedade contemporânea, cabendo aos enfermeiros responsáveis pela gerência, coordenação e supervisão dos serviços e do ensino buscar, constantemente, inovações que colaborem para amenizar as consequências do modelo tradicional de administração adotado até hoje nas instituições de saúde.

Na lógica do mercado competitivo, o profissional do futuro tem de atuar nos diferentes espaços, explorar novas práticas tecnológicas e encorajar de forma edificante e responsável o desenvolvimento social e a sustentabilidade profissional e ambiental.

A produção do conhecimento científico capaz de potencializar as habilidades e qualidades dos indivíduos precisa integrar um olhar paradoxal da ordem e da desordem, das certezas e das incertezas, a fim de diminuir a distância entre teoria e prática.

Essa breve observação suscita outro ponto de grande evidência: o ensino da Enfermagem – extensivamente abordado no capítulo 3 deste livro. A Enfermagem deve revolver-se do arcaísmo, do ensino redutor e assistencialista, e abolir a alienação mental.

Os resquícios do modelo de submissão, caridade e religiosidade devem contribuir para compreender o passado e ajudar a entender o presente, de modo que se tracem objetivos diferentes para um futuro próximo. Não se pode viver contemplando e aplaudindo um passado que não faz mais sentido, a não ser que seja somente para fins de comparação do crescimento e das mudanças da profissão. Não faz mais sentido que o mundo continue enxergando os enfermeiros como meros cuidadores, submissos aos demais profissionais. É vital deixar para trás as interferências da história da profissão e romper com a formação modelada, arcaica e ditada por outros. O discurso carregado de elementos de subalternidade, religiosidade e caridade deve ser completamente encoberto para o novo mundo.

O enfermeiro está inserido nesta realidade de tantas descobertas e invenções. É uma pena que, às vezes, ele próprio não se dê conta desse cenário. A todo momento nos deparamos com novos equipamentos, materiais e medicamentos que estão sendo lançados no campo profissional; mas o que chama mais a atenção é que esse contexto tecnológico modificou e deve continuar modificando o processo de profissionalização do enfermeiro, levando a assistência prestada ao paciente a não estar mais ligada a caridade, solidariedade, religiosidade ou qualquer outro paradigma que possa existir.

No quesito inovações tecnológicas, a Enfermagem não está isenta dos efeitos da modernização e das exigências impostas por ela. As novidades surgem dia após dia e a rapidez dos avanços é assustadora, tornando quase impossível absorver tantas transformações e informações geradas em tão pouco tempo.

Por isso, os enfermeiros precisam se integrar o mais rápido possível, incorporando o seu trabalho aos avanços da tecnologia da informação e aos novos conhecimentos e buscando novos instrumentos que possam acrescentar algo na vida profissional. Devem aproveitar o que há de mais avançado nos âmbitos tecnológico, técnico e científico da sua área de atuação, aplicando as novidades nos seus afazeres e aproveitando o que lhe é útil da melhor maneira possível.

Para entrar na era dos processos científicos, é imprescindível acabar com o silêncio, a obediência cega e o espírito de servir sem esperar recompensa.

A BUSCA PELA NOTORIEDADE DA ENFERMAGEM

Como bem detalhado anteriormente, a profissão Enfermagem vem, ao longo da história, sofrendo inúmeros preconceitos, desde os seus tempos iniciais. Durante séculos, acontecimentos de ordem política, econômica e social levaram a Enfermagem a se estruturar na área da saúde de modo submisso ao saber e à prática médica.

No entanto, muitos profissionais que verdadeiramente escolheram ser enfermeiros não se permitem abalar. Eles têm o seu ideal formado e não deixam nada os diminuir. Jamais admitem ser inferiorizados por quem quer que seja.

Existem profissionais que acreditam que a Enfermagem é a profissão escolhida para mudar o mundo, segundo levantamento feito em 2013 por uma empresa estadunidense de recursos humanos (G1.globo.com, 2013). Nessa pesquisa, foram ouvidos profissionais de treze carreiras distintas. A Enfermagem destacou-se, pois 85% de seus profissionais afirmaram que podem ajudar a mudar o mundo.

Isso comprova que os enfermeiros têm sua confiança firmada, são cônscios de que, com o seu trabalho, poderão contribuir para um mundo melhor. Não há dúvidas sobre a capacidade desses profissionais quando o assunto é a melhoria do bem-estar dos indivíduos no âmbito físico, mental, espiritual e social. Certamente, os enfermeiros têm o poder de contribuir de forma concreta para que as pessoas tenham mais qualidade de vida e vivam em um mundo melhor.

A Enfermagem é uma profissão que desenvolve suas atividades visando à vitalidade do ser humano. Mas, acima de tudo, a Enfermagem vê as pessoas como seres holísticos (mente, físico, espírito, social) capazes de viver em sociedade, mesmo com defeitos e qualidades, que têm família, cultura, crenças e valores que influenciam nas experiências de saúde e doenças. Por isso, a Enfermagem é uma ciência humana e não pode, em hipótese alguma, limitar-se às ciências naturais.

Por lidar com seres humanos que apresentam comportamentos peculiares construídos a partir de valores, princípios e padrões culturais, a Enfermagem é uma ciência, é a arte de cuidar, necessária e indispensável ao ser humano quando este se encontra no seu pior estado de fragilidade, que é a doença física e mental.

Em seu âmbito profissional, com o acúmulo de conhecimento e experiências, o enfermeiro é o ser humano que se encontra na cabeceira do paciente, nos corredores, nas enfermarias e nos postos de Enfermagem durante as vinte e quatro horas do dia. Não somente ele é solicitado a cada momento, mas também é ele quem direciona os atendimentos ao paciente, chama outros profissionais quando necessário e procura atender todas as necessidades básicas do ser humano.

O ENFERMEIRO E AS DIGNIFICANTES POLÍTICAS DE SAÚDE

Muito embora no currículo dos enfermeiros conste a formação de um profissional crítico, reflexivo e participativo, na prática eles se envolvem, na maioria das vezes, apenas com pequenas tarefas, as quais poderiam ser delegadas a outras categorias. Constantemente, justificam estarem ocupados demais com tais afazeres para não participarem de reuniões do Conselho Municipal de Saúde, de encontros científicos ou de outros eventos de importância social. Parecem se esquecer que a vivência em ambientes variados pode ajudar a torná-los profissionais marcantes, mais articulados e renomados em seu meio.

É impostergável ao enfermeiro sair de sua zona de conforto e mostrar concretamente que sua prática social está integrada a um alto nível de capacitação, não dependendo apenas de políticas governamentais ou quaisquer outras. O enfermeiro tem potencial para colaborar de forma mais ativa na elaboração de políticas de saúde que contemplem o exercício da cidadania, pois conhece amplamente o contexto social do usuário dos serviços de saúde e também a comunidade. Para isso, deve exercer seu papel social e desenvolver projetos políticos amplos, envolventes e inovadores, dando visibilidade e sustentabilidade à sua prática profissional, atualmente valorizada por tão poucos.

Uma questão em evidência é a inter-relação do profissional enfermeiro com a sua representação social, em especial no mercado de trabalho. Tanto na teoria como na prática, é quase inexistente a relação entre os profissionais de Enfermagem e as políticas de saúde – estas que representam um meio social dignificante e fomentam as atividades proativas e empreendedoras.

A Enfermagem possui o maior contingente de trabalhadores da área de saúde, porém ainda ocupa uma posição secundária no que se refere à participação e à execução de atos concretos de promoção à saúde. É um fato lastimável quando se sabe que esses atos são os mais significativos para a participação e a elaboração de políticas públicas voltadas para o desenvolvimento social.

Alguns estudos evidenciaram que o papel do enfermeiro na atual configuração política e social deve ser revisto, apesar de haver uma moderada iniciativa e um esforço isolado por parte de alguns profissionais. A Enfermagem necessita mostrar, de forma concreta, o seu envolvimento coletivo nas questões relacionadas às injustiças sociais e à saúde da população.

Alguns direcionamentos basilares para que a Enfermagem se integre ao mundo globalizado e fuja do isolamento contemplam desenvolver uma cultura empreendedora, explorar novos espaços, estimular a participação cidadã e envolver-se com outros profissionais de áreas diferentes, trazendo novos rumos para a área.

O impacto das ações sociais empreendedoras depende não somente das habilidades em identificar oportunidades, mas, principalmente, da capacidade de conviver em meio à pluralidade dos saberes e do envolvimento na criação de espaços interativos complexos. É essa face que se espera dos enfermeiros. A nossa sociedade, ao mesmo tempo que expõe seu lado sombrio e doentio, mostra também que a Enfermagem pode estar inserida ativamente na rede de interações, acolhimento e compreensão do indivíduo em seu contexto real. Isso fica mais claro à medida que os enfermeiros passam a se abrir para novas possibilidades e se mobilizam para um meio multidimensional.

Se comparada aos demais profissionais da saúde, a equipe de Enfermagem tem uma atuação mais próxima e comprometida com as necessidades da população. O enfermeiro é o profissional que melhor consegue acolher e compreender a vulnerabilidade humana, cuidando do indivíduo como um todo (cuidar holístico). Essa é a essência da profissão, mas não se deve parar por aí. A busca por uma grade curricular mais influente só depende do profissional.

Hoje, a formação dos enfermeiros é estritamente influenciada pelas relações sociais, políticas, de educação e de saúde que dizem respeito às necessidades da sociedade brasileira.

Quando os enfermeiros entenderem o seu poder como profissionais e aprenderem a delegar as funções mais simples aos coordenados, executando especificamente os procedimentos de alta complexidade, poderão encabeçar grandes empreendimentos de empresas com destaque e visibilidade social muito maior, pois espaço para o crescimento não falta.

A ideia é gloriosa, mas a realidade é outra; os enfermeiros estão envolvidos com pequenos afazeres, de relativa pouca importância social, educacional e de saúde, que poderiam ser executados por outros profissionais – não os desmerecendo. É notável que atualmente falta aos enfermeiros tempo hábil para o desenvolvimento de trabalhos científicos e até para discussões de casos de pacientes – o que promoveria melhores condições de bem-estar para seus clientes e, consequentemente, perspectivas de crescimento profissional.

Capítulo 8

CONSIDERAÇÕES FINAIS

Para que mudanças aconteçam, é necessário afastar-se do modelo histórico de uma educação submissa, tecnicista e mecanicista. É preciso mergulhar em um modelo de educação e formação do enfermeiro crítico, reflexivo e pensante, capaz de realizar, no exercício profissional, uma análise e compreensão das necessidades, tanto individuais como coletivas, daqueles que estão dentro de um contexto social precisando de suporte para sua saúde.

É indispensável a realização de um trabalho sistematizado e embasado na ciência do conhecimento. Dessa forma, esse profissional estará seguro da sua competência e da sua capacidade de executar as atividades de forma técnica e científica, fazendo parte das equipes multiprofissionais. Ele não será visto mais como um prestador de cuidado ou um profissional submisso e subjugado, mas, sim, como um profissional de conhecimento científico, capaz de incorporar os avanços tecnológicos de um mundo globalizado em suas funções.

Quando o enfermeiro passar a redefinir e repensar suas funções, tornando-se um profissional autônomo, capaz de tomar decisões e resolver problemas, a Enfermagem terá percorrido um longo caminho. E então os trabalhadores da área serão vistos como pessoas de profissão definida, que conseguem desenvolver o labor e o pensamento crítico para enfrentar e resolver desafios no seu dia a dia. Com isso, poderão assegurar seu compromisso com a sociedade, que, no momento, espera melhor qualidade na assistência à saúde.

Um enfermeiro com visão ampla do mundo moderno em busca da conquista de seu espaço: esse, sim, é o enfermeiro esperado no século XXI.

Capítulo 9

LEI DO EXERCÍCIO PROFISSIONAL DA ENFERMAGEM (LEI N. 7.498/1986)

Este capítulo objetiva facilitar o conhecimento dos leitores sobre a formação e as atribuições dos profissionais de Enfermagem em suas três distintas categorias: o enfermeiro, o técnico de Enfermagem e o auxiliar de Enfermagem, conforme a Lei n. 7.498, de 25 de junho de 1986.

- Enfermeiro: é um profissional graduado, portador de diploma ou certificado conferido por uma instituição de ensino de nível superior (art. 6º).
- Técnico de Enfermagem: é o profissional de nível médio, titular do diploma ou certificado de técnico de Enfermagem, conferido por instituição de ensino, expedido de acordo com a legislação e registro pelo órgão competente (art. 7º).
- Auxiliar de Enfermagem: é o profissional titular do certificado de auxiliar de Enfermagem, conferido por instituição de ensino, nível fundamental, antiga oitava série, nos termos da lei e registrado por órgão competente (art. 8º).

Art. 11. O enfermeiro exerce todas as atividades de Enfermagem, cabendo-lhe:

I – privativamente:

a) direção do órgão de Enfermagem integrante da estrutura básica da instituição de saúde pública e privada, e chefia de serviços e de unidade de Enfermagem;

b) organização e direção dos serviços de Enfermagem e de suas atividades técnicas e auxiliares nas empresas prestadoras desses serviços;

c) planejamento, organização, coordenação, execução e avaliação dos serviços da assistência de Enfermagem;

[itens d, e, f e g: vetados]

h) consultoria, auditoria e emissão de parecer sobre matéria de Enfermagem;

i) consulta de Enfermagem;

j) prescrição da assistência de Enfermagem;

l) cuidados diretos de Enfermagem a pacientes graves com risco de vida;

m) cuidados de Enfermagem de maior complexidade técnica e que exijam conhecimentos de base científica e capacidade de tomar decisões imediatas;

II – como integrante da equipe de saúde:

a) participação no planejamento, execução e avaliação da programação de saúde;

b) participação na elaboração, execução e avaliação dos planos assistenciais de saúde;

c) prescrição de medicamentos estabelecidos por programas de saúde pública e em rotina aprovada pela instituição de saúde;

d) participação em projetos de construção ou reforma de unidades de internação;

e) prevenção e controle sistemático de infecção hospitalar e de doenças transmissíveis em geral;

f) prevenção e controle sistemático de danos que possam ser causados à clientela durante a assistência de Enfermagem;

g) assistência de Enfermagem à gestante, parturiente e puérpera;

h) acompanhamento da evolução e do trabalho de parto;

i) execução do parto sem distocia;

j) educação visando à melhoria de saúde da população.

Parágrafo único. As profissionais referidas no inciso II do art. 6º desta lei incumbe, ainda:

a) assistência à parturiente e ao parto normal;

b) identificação de distocias obstétricas e tomada de providências até a chegada do médico;

c) realização de episiotomia e episiorrafia e aplicação de anestesia local, quando necessária.

Art. 12. O Técnico de Enfermagem exerce atividades de nível médio, envolvendo orientação e acompanhamento do trabalho de Enfermagem em grau auxiliar, e participação no planejamento da assistência de Enfermagem, cabendo-lhe especialmente:

a) participar da programação da assistência de Enfermagem;

b) executar ações assistenciais de Enfermagem, exceto as atividades privativas do enfermeiro, observado o disposto no parágrafo único do art. 11 desta lei;

c) participar da orientação e supervisão do trabalho de Enfermagem em grau auxiliar;

d) participar da equipe de saúde.

Art. 13. O auxiliar de Enfermagem exerce atividades de nível médio, de natureza repetitiva, envolvendo serviços auxiliares de Enfermagem sob supervisão, bem como a participação em nível de execução simples, em processos de tratamento, cabendo-lhe especialmente:

a) observar, reconhecer e descrever sinais e sintomas;

b) executar ações de tratamento simples;

c) prestar cuidados de higiene e conforto ao paciente;

d) participar da equipe de saúde.

Art. 15. As atividades referidas nos arts. 12 e 13 desta lei, quando exercidas em instituições de saúde, públicas e privadas, e em programas de saúde, somente poderão ser desempenhadas sob orientação e supervisão do enfermeiro.

Como toda profissão, a Enfermagem também é assegurada por seu conselho regional, que, por sua vez, também é assegurado por um conselho de âmbito federal. O Conselho Regional de Enfermagem (Coren) e o Conselho Federal de Enfermagem (Cofen) tiveram sua trajetória histórica, percorrendo décadas de estudos e pesquisas para chegarem onde estão.

A Lei n. 5.905/1973, instituída pelo então Presidente da República, o General Emilio Garrastazu Médici, deu origem à criação desses Conselhos.

O art. 8º, III, deu competência ao Cofen para elaborar o Código de Deontologia de Enfermagem (CDE) e modificá-lo quando for necessário, após ouvir os Conselhos Regionais.

O art. 15, II, dispõe que os Corens têm a competência legal de fiscalizar, disciplinar e normatizar o exercício profissional.

No Código Penal brasileiro, o art. 21 dispõe que "o desconhecimento da Lei é inescusável, ou seja, indesculpável".

Nenhum profissional de Enfermagem poderá alegar o desconhecimento da Lei do Exercício Profissional de Enfermagem (LEPE) para se eximir de suas responsabilidades no cumprimento legal das atividades que lhe competem, seja como enfermeiro, técnico de Enfermagem ou auxiliar de Enfermagem (Oguisso, 2010).

Os Conselhos de Enfermagem têm suas competências exercidas em todos os âmbitos: Executivo, Legislativo e Judiciário.

> É dever do profissional de Enfermagem, segundo o Código de Ética de Enfermagem:

1. Inscrever-se no Conselho Regional de Enfermagem em cuja jurisdição exerça suas atividades.
2. Conhecer as atividades desenvolvidas pelo Coren.
3. Efetuar o pagamento das anuidades e demais obrigações financeiras com o Conselho.
4. Votar para composição do plenário.
5. Manter atualizado o seu endereço.
6. Solicitar transferência em caso de mudança de estado.
7. Solicitar cancelamento de inscrição quando encerrar as atividades profissionais por qualquer motivo.
8. Atender a todas convocações do Coren.
9. Comunicar ao Coren os casos de infrações éticas.
10. Cumprir e fazer cumprir os preceitos éticos e legais da profissão.
11. Facilitar a fiscalização do exercício profissional.

LEGISLAÇÃO DA ENFERMAGEM BRASILEIRA E SUA TRAJETÓRIA HISTÓRICA NO SÉCULO XIX – IMPÉRIO

A Enfermagem teve início com a Obstetrícia.
- 1832: criada a primeira legislação sobre a parteira.
- 1851 – Decreto n. 828: exigência de diploma de parteira e de outras categorias profissionais na Corte e Província do Rio de Janeiro.
- 1854 – Decreto n. 1.387: incorporação do curso de Obstetrícia à Faculdade de Medicina (2 anos de duração).
- 1879: anexação definitiva do curso de Obstetrícia às faculdades de Medicina (Bahia e Rio de Janeiro).

- 1890 – Decreto n. 791: criação da primeira Escola Profissional de Enfermeiros (Hospital Nacional dos Alienados, no estado do Rio de Janeiro).
- 1921: regulamentação para o serviço de Enfermagem no exército (enfermeiros foram incluídos como parte do pessoal subalterno: padioleiros e outros auxiliares).
- 1922 – Decreto n. 15.799: aprovação do regimento do Departamento Nacional de Saúde Pública (DNSP). Início da Escola de Enfermeiros.
- 1923 – Decreto n. 16.300: criação, de fato, da Escola de Enfermagem do DNSP: Escola Anna Nery – UFRJ.
- Por volta de 1923, passou-se a reconhecer o enfermeiro diplomado, pois, até então, estava no mesmo patamar dos massagistas, manicures, pedicures e optometristas.
- 1931 – Decreto n. 20.109: primórdios da Lei do Exercício Profissional da Enfermagem, exigindo titulação e escolas oficiais ou equiparadas ao padrão da Escola Anna Nery, com registro no DNSP.
- 1932 – Decreto n. 20.931: regulamentação da atividade de fiscalização do exercício de Enfermagem e outras profissões da saúde.
- 1949 – Lei n. 775: regulamentação do ensino da Enfermagem e da direção dos serviços de saúde por enfermeiros diplomados.
- 1953: aprovação do 1º Código de Ética para enfermeiros, com 14 artigos, lançado no 10º Congresso Quadrienal do CIE-SP.

- 1953: motivada pelo Código de Ética para enfermeiros, a Associação Brasileira de Enfermagem (ABEN) iniciou a elaboração do Código de Ética Brasileiro.
- 1953 a 1958: elaboração do Código de Ética Brasileiro, finalizado com 16 artigos. Mesmo com a descrição dos 16 artigos, a ABEN não possuía o direito nem a competência legal para exigir o cumprimento dos preceitos éticos, punições ou determinações relacionadas à execução da profissão Enfermagem, restringindo-se apenas a recomendar algo ou sugerir ideias e opiniões.
- 1955 – Lei n. 2.604/1955: foi sancionada 1ª Lei do Exercício Profissional, no governo do presidente João Café Filho.
- 1961 – Decreto n. 50.837/1961: no governo de Jânio Quadros, houve demora significativa para a regulamentação da profissão em razão do conflito existente entre os enfermeiros e as obstetrizes.
- 1ª Lei do Exercício de Enfermagem: definição dos deveres e proibições, assim como das atribuições dos enfermeiros e auxiliares de Enfermagem. Definição das categorias que poderiam exercer a Enfermagem no Brasil (práticos, assistentes de Enfermagem, enfermeiros militares e atendentes, etc.). Revogou o Decreto n. 20.931/1932.
- 1966: criação da profissão Técnico de Enfermagem.

Capítulo 10

CURIOSIDADES HISTÓRICAS DA PROFISSÃO ENFERMAGEM

1. A palavra enfermeiro vem do latim *nutrix*, que significa mãe, e do verbo *nutrire*, que significa criar e nutrir. Essas duas palavras, adaptadas ao inglês do século XIX, transformaram-se na palavra *nurse*, que, traduzida para o português, significa enfermeiro.
2. No dia 12 de maio, comemora-se mundialmente o Dia do Enfermeiro, em razão do marco da Enfermagem moderna: o nascimento de Florence Nightingale, em 12 de maio de 1820.
3. No Brasil, comemora-se a Semana de Enfermagem entre os dias 12 e 20 de maio, instituída desde os anos de 1940 como forma de homenagem a duas grandes personagens da história da Enfermagem: Florence Nightingale, nascida em 12 de maio, e a enfermeira brasileira Anna Nery, que morreu em 20 de maio na Guerra do Paraguai.
4. A Enfermagem remonta ao Velho Testamento, quando as mulheres cuidavam e protegiam os idosos, os doentes e os deficientes.

5. Entre os séculos V e VIII, a Enfermagem surgiu como uma prática leiga, desenvolvida por religiosos, como se fosse um sacerdócio. Por isso, tornou-se uma prática indigna e sem atrativos para as mulheres.
6. Entre os séculos V e VIII, cuidar de pessoas doentes, deficientes e idosos era considerado um trabalho doméstico, o que atestava a queda dos padrões morais da época.
7. Apenas em meados do século XVI, a Enfermagem começou ser vista como uma profissão.
8. Apenas no início século XIX a Enfermagem passou a ser vista como uma profissão moderna na Inglaterra. Nessa época, foram catalogadas definições e padrões para a profissão.
9. Ainda no século XIX, a American Nurses Association (ANA) define a profissão Enfermagem como ciência e arte de cuidar.
10. A Enfermagem é uma prática social complexa e contraditória, permeada por mitos históricos que compõem o universo de símbolos e o imaginário que se tem da profissão.
11. A Enfermagem assemelha-se à Ciência Nuclear, que é capaz de produzir bombas nucleares cada vez mais poderosas e sofisticadas, mas primeiro precisa saber se posicionar sobre o seu uso.
12. Foi uma enfermeira que instigou a criação da profissão de comissária de bordo. Ellen Church (1904-1965) era enfermeira e sonhava em ser piloto, mas não podia porque, na época, essa profissão não era permitida às mulheres.
13. Florence Nightingale, patrona dos enfermeiros e fundadora da Enfermagem moderna, nasceu na Alemanha em 1820 e naturalizou-se britânica, iniciando seus estudos somente aos 31 anos de idade. Ela acreditava que a iluminação, a higiene e o ar fres-

co proporcionavam maior rapidez na cura, mesmo antes de a ciência comprovar o poder de contaminação dos microrganismos. Com seus esforços, Florence reduziu a taxa de mortalidade entre os soldados britânicos.

14. No Brasil, Anna Nery é a patrona dos enfermeiros. Seu nome completo é Anna Justina Ferreira Nery. Nasceu em 1813, na cidade de Cachoeira, na Bahia. Sua vocação como enfermeira surgiu quando os seus filhos – um, médico militar, e o outro, oficial do Exército – foram convocados para a Guerra do Paraguai em 1864. Anna Nery não aceitou a separação da família e partiu para a Guerra como voluntária, aos 51 anos de idade. Foi a primeira enfermeira voluntária do Brasil. Acompanhou seus filhos e irmãos nessa que foi maior luta armada na América Latina. Enfrentou a morte de perto para salvar vidas, inclusive de inimigos da pátria brasileira. Após cinco anos de guerra, Ana Nery retornou ao Brasil e o governo Imperial lhe concedeu uma pensão vitalícia. Tornou-se exemplo no mundo como precursora da Cruz Vermelha no Brasil.

15. Os pracinhas da Força Expedicionária Brasileira (FEB) ficaram "famosos" durante a Segunda Guerra Mundial. Uma comitiva de mais de cem enfermeiras brasileiras partiu para o confronto para auxiliar os postos de emergência e facilitar a comunicação entre soldados do exército estadunidense e soldados do exército brasileiro, pois os dois países eram aliados na guerra.

BIBLIOGRAFIA

ABREU LO, MUNARI DB, QUEIROZ ALB, FERNANDES CNS. O trabalho de equipe em enfermagem: revisão sistemática da literatura. Rev Bras Enferm 2005; 58(2):203-7.

BACKES DS. Vislumbrando o cuidado de enfermagem como prática social empreendedora [tese]. Programa de Pós-graduação em Enfermagem da Universidade Federal de Santa Catarina, 2008.

BENNIS W. A invenção de uma vida: reflexões sobre liderança e mudanças. Trad. Renata Silvia Cardoso. Rio de Janeiro: Campos, 1995.

BRASIL. Ministério da Saúde; Ministério da Educação. Programa Nacional de Reorientação da Formação Profissional em Saúde. Brasília (DF), 2007.

CARVALHO EC, BACHION MM. Abordagens teóricas da comunicação humana e sua aplicação na enfermagem. In: Stefanelli MC, Carvalho EC (orgs.). A comunicação nos diferentes contextos de enfermagem. Barueri: Manole, 2005.

CASTRO IB. O papel social do enfermeiro: realidade e perspectivas de mudança. Anais do 34º CBEn, 1982.

CHIAVENATO I. Como transformar RH de um centro de despesa em um centro de lucro. São Paulo: Makron Books, 1996.

CONTRERAS JA. Autonomia de professores. 2.ed. São Paulo: Cortez, 2002.

COSTA GMC, BERNARDINO E, ABUHAB D, SILVA IA. Uma abordagem da atuação histórica da enfermagem em face das políticas de saúde. Rev Mineira Enferm 2006; 10(4).

CRAWFORD R. Na era do capital humano: o talento, a inteligência e o conhecimento como forças econômicas, seu impacto nas empresas e nas decisões de investimento. Trad. Luciana Bomtempi. São Paulo: Atlas, 1994.

DUTRA JS. Competências: instrumentos para a gestão de pessoas na empresa moderna. São Paulo: Atlas, 2009.

ECO U. História da beleza. Trad. Eliana Aguiar. Rio de Janeiro: Record, 2004.

_____. História da feiura. Trad. Eliana Aguiar. Rio de Janeiro: Record, 2007.

ERDMANN AL, BACKES DE, ALVES A, ALBINO AT, FARIAS F, GUERINI IC et al. Formación de empreendedores en enfermería promover capacidades y aptitudes sociopolíticas. Enferm Global 2009; 8(2).

FAVERO N. O gerenciamento do enfermeiro na assistência ao paciente hospitalizado [tese de livre-docência]. Ribeirão Preto: Escola de Enfermagem de Ribeirão Preto (USP), 1996. 92p.

FERNANDES BM. A enfermagem no olhar das clientes: representação da sua prática profissional [dissertação]. Rio de Janeiro: Escola de Enfermagem Anna Nery (UFRJ), 1998.

FERNANDES JD, FERREIRA SLA, OLIVA R, SANTOS S. Diretrizes estratégicas para a implantação de uma nova proposta pedagógica na Escola de Enfermagem da Universidade Federal da Bahia. Rev Eletr Enferm 2003; 56(54):392-5.

FUREGATO ARF. O que a população sabe e espera do enfermeiro. Rev Gaúcha Enferm 1999; 20(1).

G1.GLOBO.COM. Enfermagem lidera ranking de carreiras que 'podem mudar o mundo' [Internet]. 2013 [Acesso 2017 jul. 17]. Disponível em: <http://glo.bo/1aPB4Ds>.

GALVÃO CM. Liderança situacional: uma contribuição ao trabalho do enfermeiro-líder no contexto hospitalar [tese de doutorado]. Ribeirão Preto: Escola de Enfermagem de Ribeirão Preto (USP), 1995. 117p.

GALVÃO CM, TREVIZAN MA, SAWADA NO. A liderança do enfermeiro no século XXI: algumas considerações. Rev Enf USP 1998; 32(4):302-6.

GERMANO RM. Educação e ideologia da enfermagem no Brasil. São Paulo: Cortez, 1985.

GIRARDI SN. Aspectos do mercado de trabalho em saúde no Brasil: estrutura, dinâmica e conexões. In: Santana JP, Castro JL (orgs.). Capacitação em desenvolvimento de recursos humanos de saúde. Natal: EDUFRN, 1999.

GOLDSMITH M. Indagar, aprender, acompanhar e crescer. In: Hesselben F et al. O líder do futuro. Trad. Cyntia Azevedo. São Paulo: Futura, 1996. p.229-38.

GOMES AMT, OLIVEIRA DC. Estudo da representação social da autonomia profissional em enfermagem. Rev Esc Enferm USP 2005; 39(2):145-53.

Kawamoto K. Nursing leadership: to thrive in a world of change. Nurs Adm Q 1994; 18(3):1-6.

Kron T. Manual de enfermagem. 4 .ed. Rio de Janeiro: Interamericana, 1978.

Kurcgant P. Liderança em enfermagem. In: Kurcgant P et al. Administração em enfermagem. São Paulo: EPU, 1991. p.165-78.

Morin E. Método 3: o conhecimento do conhecimento. Porto Alegre: Sulina, 1999.

Morin E. Método 5: a humanidade da humanidade. Porto Alegre: Sulina, 2002.

Motta PR. Gestão contemporânea: a ciência e a arte de ser dirigente. 2.ed. Rio de Janeiro: Record, 1991.

Oliveira MIR. Relações de enfermagem com as demais carreiras Universitárias. Anais do 29º CBEn. Camburiú (SC), 1977.

Paim L, Costa LA, Wrigh MGM. As invasões no ensino superior de enfermagem face a assistência a saúde da população: possibilidades e limitações. Anais do 30º CBEn. Belém (PA), 1978.

Peduzzi M, Ciampone MHT. Trabalho em equipe e processo grupal. In: Kurcgant P (coord). Gerenciamento em enfermagem. Rio de Janeiro: Guanabara Koogan, 2005.

Pires D. Hegemonia médica na saúde e na enfermagem. São Paulo: Cortez, 1989.

Pires MRGM. Enfermeiro com qualidade formal e política: em busca de um novo perfil [dissertação.] Brasília: Programa de Pós--graduação em Política Social da Universidade de Brasília, 2001.

Pires MRGM. Politicidade do cuidado como referência emancipatória para a gestão de políticas em saúde: conhecer para cuidar melhor, cuidar para confrontar, cuidar para emancipar [tese].

Brasília: Departamento de Serviço Social da Universidade de Brasília, 2004.

ROBBINS SP. O segredo na gestão de pessoas. Lisboa: Centro Atlântico, 2008. p.138.

RODRIGUES MV. Qualidade de vida no trabalho. São Paulo: Vozes, 1994.

SAMPAIO MA. Enfermagem, mídia e bioética [dissertação]. Brasília: Faculdade de Ciências da Saúde da Universidade de Brasília, 2002.

SANNA MC, SECAF V. A imagem da enfermeira e da profissão na imprensa escrita. Rev Enferm UERJ 1996; 4(2):170-82.

SANTOS CB. A imagem da enfermagem frente aos estereótipos: uma revisão bibliográfica. 8º Simpósio Brasileiro de Comunicação em Enfermagem. Ribeirão Preto, EERP, 2002.

SCHON DA. Educando o profissional reflexivo: um novo design para o ensino e a aprendizagem. Porto Alegre: Artes Médicas Sul, 2000.

SILVA GB. Enfermagem profissional: análise crítica. São Paulo: Cortez, 1986.

SILVA L, PADILHA M, BORENSTEIN M. Imagem e identidade profissional na construção do conhecimento em enfermagem. Rev Latino-Am Enferm 2002; 10(4).

SILVA MJP. Comunicação tem remédio: a comunicação nas relações interpessoais em saúde. 2.ed. São Paulo: Gente, 1996.

SOUSA FAEF, SILVA JA. Prestígio profissional do enfermeiro: estimação de magnitudes e de categorias expandidas. Rev Latino-Am Enferm 2001; 9(6):19-24.

STEFANELLI MC, CARVALHO EC, ARANTES EC. Comunicação e enfermagem. In: Stefanelli MC, Carvalho EC (orgs.). A comunicação nos diferentes contextos da enfermagem. Barueri: Manole, 2005.

TACLA MTGM. Desenvolvendo o pensamento crítico e alunos de enfermagem: uma experiência através da metodologia da problematização. Goiânia: AB, 2002.

TREVIZAN MA, MENDES IAC, FÁVERO N, MELO MRA. Liderança e comunicação no cenário da gestão em enfermagem. Rev Latino-Am Enfer 1998; 6(5):77-82.

TREVIZAN MA. Liderança do enfermeiro: O ideal e o real no contexto hospitalar. São Paulo: Savier, 1993.

TREZZA MCAF, SANTOS RM, LEITE JL. Enfermagem como prática social: um exercício de reflexão. Rev Bras Enferm 2008; 61(6).

WILKINSON MJ, LEUVEN VK. Fundamentos de enfermagem: teoria, conceitos e aplicações. São Paulo: Roca, 2010.

VIDAL ECF, SARAIVA KRO, DODT RCM, VIEIRA NFC, BARROSO MGT. Democracia e participação cidadã: um debate sobre as práticas de educação e saúde. Rev Gaúcha Enferm 2008; 29(3).

ZBILUT JP. Nursing and the media. Nurs Scholarship 2003; 35(3).

BIBLIOGRAFIA ADICIONAL

KEMMER LF, SILVA MJP da. A visibilidade do enfermeiro segundo a percepção de profissionais de comunicação. Rev. Latino-Am. Enfermagem [Internet]. 2007 Apr [Acesso 2017 abr 28]; 15(2):191-98. Disponível em: http://www.scielo.br/scielo.php?script=sci_arttext&pid=S0104-11692007000200002&lng=en.

Magalhães AMM, Duarte ERM. Tendências gerenciais que podem levar a Enfermagem a percorrer novos caminhos. Rev Bras Enferm 2004 jul-ago; 57(4):408-11.

Oliveira E.F.S. Percepção de homens e mulheres maiores de 50 anos sobre a estética do envelhecimento. LifeStyle Journal 2015; 2(2):83-98.

Oliveira E.F.S. Clinical characteristics of smoking related to assist elderly persons by PSF. Rev Bras Med 2010; 67(6).